트럼프 2.0시대 동아시아와 한반도

트럼프 2.0시대 동아시아와 한반도

강석율·김재관·문익준·민정훈·신종호·최필수

차이나하우스

추천글

우리가 지금 살고 있는 세계는 복합적이고 거시적인 국제 질서의 이행을 겪고 있다. 가깝게는 냉전이 종식된 1990년대 이후 이래 최대의 변화이다. 길게는 2차 세계대전 이후 수립된 국제질서가 근본적으로 변화하고 있다. 그리고 변화의 핵심에는 미국이 있다.

미국은 인류 역사상 하나의 정치체로 가장 막강한 힘을 소유한 국가이다. 현재까지 세계 전체의 질서를 좌우하는 리더십을 행사해왔다. 지구 전역에 걸쳐 동맹체제를 유지하고 개방적인 자유무역 질서를 지탱하며 자유민주주의의 확산을 추구했다. 소위 자유주의 국제질서의 리더십이다. 그러나 21세기를 돌아보면 9.11 테러, 2008년 금융위기, 코로나 사태 등을 거치면서 미국의 경제적 기반은 약화되고 미국민의 생명과 복지는 현격하게 위기에 처했다. 패권국이라고 하기에는 무색한 상황이다.

가장 강한 국가의 국민들은 가장 심각한 위기를 겪으면서 새로운 리더십을 원하게 되었다. 자국민을 최우선으로 하는 대통령, 세계의 경제위기보다 국내의 일자리를 늘리고 인플레이션을 잠재울 수 있는 정부를 희구하게 되었다. 코로나 위기로 많은 비판 속에 물러난 트럼프 대통령이 화려하게 복귀하게 된 배경이다. 과연 트럼프 대통령이 외치는 미국우선주의는 미국과 세계를 영구히 바꾸어 놓을 것인가? 세계는 미국의 리더십 없는 국제질서에 대비할 때가 된 것인가? 미국민들은 미국우선주의를 외치는 대통령을 끝까지 지지할 것인가?

　미국 외교전략의 방향 전환은 한국에게 커다란 도전이다. 한국은 해방 이후 지금까지 미국과 긴밀한 관계를 유지해왔다. 냉전기에는 자유 진영에서, 냉전이 끝난 이후에는 전 지구적으로 패권의 리더십을 방기한 미국을 접해본 적이 없다. 미국이 동맹을 지지하지 않고, 동아시아의 핵심 사안에 안정자의 역할을 하지 않는다면 한국은 어떠한 외교전략을 추진해야 할 것인가? 중국의 강대국화 속에 미중 간 격렬한 경쟁이 벌어지고 있는 상황에서 한국은 어떠한 생존과 발전의 전략을 추구해야 할 것인가? 새로운 도전은 핵심적인 질문과 창의적인 대답을 요구한다. 중국의 국력은 결국 미국을 능가할 것인가? 대만과 통일을 원하는 중국은 결국 무력을 동원해서 통일을 추구할 것인가? 중국의 유일한 동맹국인 북한은 핵무기를 포기할 수 있는가? 한미동맹은 한국의 국익을 증진하는 중요한 수단으로 남을 수 있을 것인가?

　격변의 시기에 과녁을 꿰뚫는 질문을 선별하고 최선의 대답을 얻는 것은 매우 중요하다. 특히 트럼프 2기 정부의 행보가 막 시작된 시점에서 한국에게 다가오고 있는 도전을 가려내어 그 배경과 변수들을 가려내는 것은 쉽지 않은 일이다. 본서는 미국의 국내 정치와 외교정책 연구에 천착해온 전문가 6인의 심층적인 연구 결과이다. 책이 제시하는 29개의 질문은 위에서 제기한 모든 궁금증을 망라하고 있다. 트럼프 2기 정부의 국내정치적 배경, 안보전략과 경제 전략, 동아시아와 한반도에 관해 반드시 물어야 할 항목들을 제시한다. 트럼프 정부를 지지하는 미국 내 지지 세력 분포, 미국 외교 정책을 좌우하는 경제적 배경, 트럼프 정부가 추진하는 외교 대전략과 동아시아 전략, 미중 전략경쟁의 배경과 트럼프 정부의 대중 전략, 그리고 변화하는 동북아 상황 속에서 함께 진동하는 남북관계와 한미동맹의 미래 등 한국의 사활에 직결된 킬러 문항들이 망라되어 있다. 어느 하나 보태고 뺄 것이 없을 만큼 중요한 질문들이다.

저자들은 각각의 질문들이 제기되는 역사적 배경, 미국 외교 정책의 진화 과정, 당면한 현안들의 내용과 중요성, 그리고 트럼프 정부가 추진할 정책들의 시나리오 등을 간결하면서도 농도 짙게 답하고 있다. 변화무쌍한 트럼프 정부의 행보에 당황하지 않고 차분히 한국의 대응을 숙고할 수 있는 핵심 문제 풀이라고 하겠다. 본서는 국제정치 분야의 전문가, 정책결정자뿐만 아니라 국제질서의 변화에 관심있는 일반독자들도 공감하고 함께 생각할 수 있는 다양한 내용을 담고 있다. 말미에 유용한 정책 대안들도 제시된다. 저자들의 말처럼 본서가 "기존의 틀을 넘어선 전략적 외교"를 추진하는 발판을 마련할 것으로 기대하며 많은 독자들의 일독을 권해드린다.

전재성
서울대 국제대학원 교수
전) 한국국제정치학회 회장

추천글

 트럼프 2기가 들어서면서 세계 각국은 폭풍과 같은 변화와 한 치 앞을 바라보기 어려운 불확실성 속에 휩싸여 있다. 특히 트럼프 행정부가 불법 이민과 펜타닐 유통 등 비통상의제를 해결하는 수단으로 관세정책을 적극 활용, 상대국을 압박하는 행태가 계속되면서 경제력이라는 하드파워를 통한 국익의 적극적 투사라는 전형적인 제국주의적 행태를 유감없이 발휘하고 있다. 통상의제로 들어가면 공세적 관세정책은 더욱 기승을 부릴 것이다. 트럼프 행정부의 적극적 압박정책의 대상에는 동맹국도 적대국도 상관하지 않는다. 모두 미국을 뜯어먹고 일방적으로 이익을 빼앗아 간 나라들이 있을 뿐이다. 오히려 동맹국들은 동맹이라고 친하게 지내면서 더 많이 가져갔다는 인식도 있다.
 러시아-우크라이나 전쟁이나 이스라엘-하마스 전쟁에 대해서도 분쟁 당사국 간 이익의 균형에 대한 섬세한 고려가 없다. 그저 전쟁을 지속하는 것이 미국의 국익에 맞지 않으니 지금 상황에서 끝내라는 거친 압박만이 있을 뿐이다. 미국의 국익 우선에 맞지 않는다는 다자주의적 접근을 싫어하여 파리기후협약과 세계보건기구를 이미 탈퇴했고, 국제개발 협력을 관장하는 USAID를 형해화하는 작업에 착수했다. 이제 세계무역기구 탈퇴도 충분히 상상할 수 있는 매우 높은 가능성의 영역 안에 있다. 그야말로 앞이 보이지 않는

암흑과 같은 시대가 도래했다. 이러한 때 우리는 어떻게 대응해야 하는가.

트럼프 행정부가 야기한 이런 혼란 속에서 마침 우리의 나아갈 바를 밝혀 줄 길잡이 같은 책이 우리 손에 들어왔다. "트럼프 2.0시대 동아시아와 한반도"라는 제목을 갖고 있는 이 책은 트럼프 2기의 대외정책의 본질은 무엇이고, 트럼프 2기에 미국의 중국, 일본, 대만, 한반도에 대한 정책은 어떻게 바뀔 것이며, 이 지역은 트럼프 행정부의 정책에 의해서 어떤 영향을 받을 것인지에 관해서 말하고 있다. 각 분야를 대표하는 진정한 전문가인 저자들은 중언부언 변죽을 울리지 않고 바로 핵심으로 들어가면서 현명한 모범답안을 제시하고 있다.

미국의 대중국 경제통상정책과 관련해서 보면, 과연 공급망 디커플링이 성공할 것인가, 중국이 경제 규모에서 미국을 넘어설 것인가, 미국과 중국의 경제 안보 정책은 어떻게 전개될 것인가, 양국의 글로벌 사우스에 대한 정책은 어떻게 진행될 것인가, 그리고 기술 봉쇄는 가능한가 와도 같은 매우 흥미롭고 도발적인 질문에 대해서 답안을 제시하고 있다.

트럼프 행정부의 대외정책이 우리의 국방과 안보, 대외관계에서 새로운 사고와 정책 방향을 요구하고 있다. 4월부터 본격화될 트럼프 발 관세전쟁은 철강과 자동차, 반도체와 가전 등 우리의 핵심 산업을 포함하여 우리의 경제통상 일반에도 큰 영향을 미칠 것이다. 이러한 때 이 책을 읽으면서 트럼프 2기 정책이 우리나라와 한반도 주변의 안보와 경제통상에 어떠한 복합적 영향을 미칠 것인가를 이해할 수 있다면 큰 위안이 될 것이다. 게다가 이 책은 선별된 질문에 대해 즉답하는 형식으로 구성하여 읽기 좋고 이해하기 쉽다는 매우 큰 장점을 갖고 있다. 적극적으로 추천한다.

김흥종
고려대 특임교수
前 대외경제정책연구 원장

프롤로그

2024년 11월에 치러진 미국 대통령 선거에서 도널드 트럼프 전 대통령이 재선에 성공했다. 선거 구호인 "It's the inflation, stupid"가 상징하듯이 이번 선거는 경제가 중심 이슈였다. 코로나19 팬데믹 이후 가파르게 상승한 인플레이션과 생활비 부담은 미국 유권자들의 표심을 결정짓는 핵심 요인이었고, 결국 바이든 행정부의 경제 성과에 대한 불신이 공화당 승리로 이어졌다. 트럼프의 재집권은 단순한 정권 교체를 넘어, '미국우선주의(America First)'의 귀환을 의미하며, 이는 국제질서에 중대한 변화를 가져올 것으로 전망된다.

2025년 1월에 출범한 트럼프 2기 행정부는 좀 더 노골적으로 미국의 이익을 우선시하는 대외정책을 펼칠 것으로 보인다. 경제, 기술, 외교, 안보 등 전방위적으로 미국과 중국의 경쟁이 심화될 것이며, 이는 동아시아를 포함한 국제질서에 거대한 영향을 미칠 것이다. 경제 분야에서는 중국에 대한 기술 봉쇄와 공급망 재편이 더욱 가속화될 가능성이 크다. 반도체, 인공지능, 첨단기술을 둘러싼 미중 경쟁은 글로벌 가치사슬(GVC)의 구조적 변화를 초래할 것이다. 트럼프 행정부의 보호무역 강화와 고율 관세정책은 중국뿐만 아니라 동맹국들에도 새로운 도전을 던질 것이다.

외교·안보 측면에서 트럼프 행정부는 중국에 대한 강경 노선을 유지하며, 대만 문제와 남중국해 문제에서 더욱 공세적인 태도를 보일 가능성이 크다. 대만에 대한 미국의 군사 지원이 확대될 경우, 양안(兩岸) 관계의 긴장이 극단적으로 고조될 수 있으며, 나아가 동아시아 전체 안보 환경에도 불안 요소로 작용할 것이다. 미중 간 글로벌 안보 이슈—예컨대 북한 비핵화, 러시아-우크라이나 전쟁, 중동 정세—에서도 협력과 대립이 혼재된 복합적 관계가 지속될 전망이다.

트럼프 2기 행정부의 출범은 미국 중심의 단극체제에서 다극체제로의 전환을 가속화할 것이다. 중국의 부상과 러시아의 도전은 기존 질서에 대한 균열을 더욱 깊게 만들고 있으며, 미국의 상대적 영향력 감소 속에서 새로운 강대국 간 경쟁 구도가 형성될 가능성이 크다. 특히 글로벌 사우스(Global South)의 부상과 BRICS 확대는 국제질서의 다극화를 더욱 촉진하는 요소로 작용하고 있다.

이러한 변화 속에서 한국은 한미동맹을 강화하는 동시에, 미중 경쟁 속에서 균형 잡힌 외교 전략을 모색해야 한다. 북한의 위협에 대응하면서도 동아시아 내 새로운 질서 형성 과정에서 국익을 극대화할 수 있는 전략적 선택이 요구된다. 한미일 안보 협력의 지속가능성을 확보하는 동시에, 중국과의 경제적 연계를 신중히 조정하는 것이 향후 한국 외교의 주요 과제가 될 것이다.

본서는 트럼프 2기 행정부 출범이 국제정치, 경제, 외교·안보 환경에 미칠 영향을 다각적으로 분석한다. 특히, 미·중 관계, 동아시아 질서, 대만 문제, 한반도 안보 등의 핵심 이슈를 조망하며, 향후 전망과 시사점을 제시하는 데 초점을 맞춘다. 미국의 정책 변화가 동아시아 및 국제사회에 어떤 파문을 불러올지, 그리고 한국이 이에 어떻게 대응해야 할지에 대한 깊이 있는 논의가 이루어질 것이다.

트럼프 2.0 시대, 국제질서는 새로운 격변의 시대를 맞이하고 있다. 이제 우리는 이 변화의 흐름 속에서 어떤 전략적 방향을 설정해야 할지 진지하게 고민해야 할 시점에 와 있다.

2025년 4월
저자 일동

차례

추 천 글 / 04

프롤로그 / 10

차 례 / 13

Ⅰ. 2024년 미국 대선 결과 및 트럼프 2기 행정부의 대외정책 (민정훈) / 17

1. 2024년 미국 대선 표심에 영향을 미친 요인들은 무엇인가? / 19
2. 누가 트럼프 후보를 선택했는가? / 21
3. 2024년 미국 대선 결과는 국제질서에 어떠한 영향을 미칠까? / 24
4. 트럼프 2기 행정부의 대외정책 기조는 무엇인가? / 27

Ⅱ. 트럼프 2기 행정부 출범과 미·중 관계: 경제통상 (최필수) / 31

5. 미국의 대중국 기술 봉쇄는 성공할 것인가? / 33
6. 미국과 중국은 글로벌 사우스(글로벌 남반구)에 어떻게 대응할 것인가? / 37
7. 미국과 중국은 경제 안보를 어떻게 구현하려 하는가? / 40
8. 미국과 중국 간 디커플링은 어떻게 진행되고 있는가? / 43
9. 미국과 중국의 경제 규모는 역전될 것인가? / 47

III. 트럼프 2기 행정부 출범과 미·중 관계: 외교안보 (신종호) / 51

10. 트럼프 2기 미중 외교·안보 관계는 어떤 방향으로 재정립될 것인가? / 53

11. 트럼프 2기 미국의 대중국 정책에서 핵심 쟁점은 무엇인가? / 56

12. 트럼프 2기 미중 외교·안보 분야의 3C는 어떻게 균형을 잡을 것인가? / 59

13. 대만 문제는 트럼프 2기 미·중 관계에서 어떤 역할을 할 것인가? / 62

14. 미중 간 글로벌 안보 이슈를 둘러싼 협력과 갈등은 어떻게 전개될 것인가? / 66

IV. 미국 新행정부 출범과 동아시아 질서 변화 (김재관) / 71

15. 미국 행정부 출범 이후 인도-태평양 지역에서 주도권 확보를 위한 미·중 관계는 어떤 변화와 지속성을 띨 것인가? / 73

16. 미국 新행정부 출범 이후, 우크라이나 전쟁과 관련하여 미·중·러 삼각관계는 어떻게 변화할 것이며, 그 지속성은 무엇인가? / 77

17. 미국 신행정부 출범 이후, 북·중·러 삼각관계는 어떻게 형성될 것이며 그 전망은? / 79

18. 미국 신행정부 출범 이후 한미일 對 북·중·러 삼각관계의 부활 가능성은 무엇이며, 이 관계가 동아시아 안보에 미칠 영향은 무엇인가? / 82

19. 북방 삼각관계에 대비한 한국의 안보 과제와 전략적 선택은 무엇인가? / 85

Ⅴ. 트럼프 2기 행정부 출범과 대만 문제 (문익준) / 91

20. 트럼프 2기 행정부 하에서 중국은 대만에 대한 무력 침공을 감행할 것인가? / 93
21. 대만 위기 발생 시, 미국의 대응 방안은 무엇인가? / 96
22. 미국은 '하나의 중국' 원칙에 대한 전략적 모호성을 계속 유지할 것인가? / 99
23. 양안 관계(중국-대만)의 경제적 협력은 계속 유지될 수 있을 것인가? / 102
24. 미국이 주도하는 반도체 공급망 재편은 성공할 수 있을 것인가? / 105

Ⅵ. 트럼프 2기 행정부 출범과 한반도 (강석율) / 109

25. 왜 민주주의는 미국 신행정부와의 공조에서 핵심적 가치인가? / 111
26. 한미동맹은 북한의 위협에 어떻게 대응해야 하는가? / 115
27. 중국의 역내 도전에 따른 한미동맹의 현안은 무엇인가? / 119
28. 한미일 협력의 지속가능성을 어떻게 보장할 것인가? / 123
29. 미북 비핵화 협상 재개와 관계 개선은 가능한가? / 127

에필로그 / 134
부　　록 / 138
저자소개 / 146

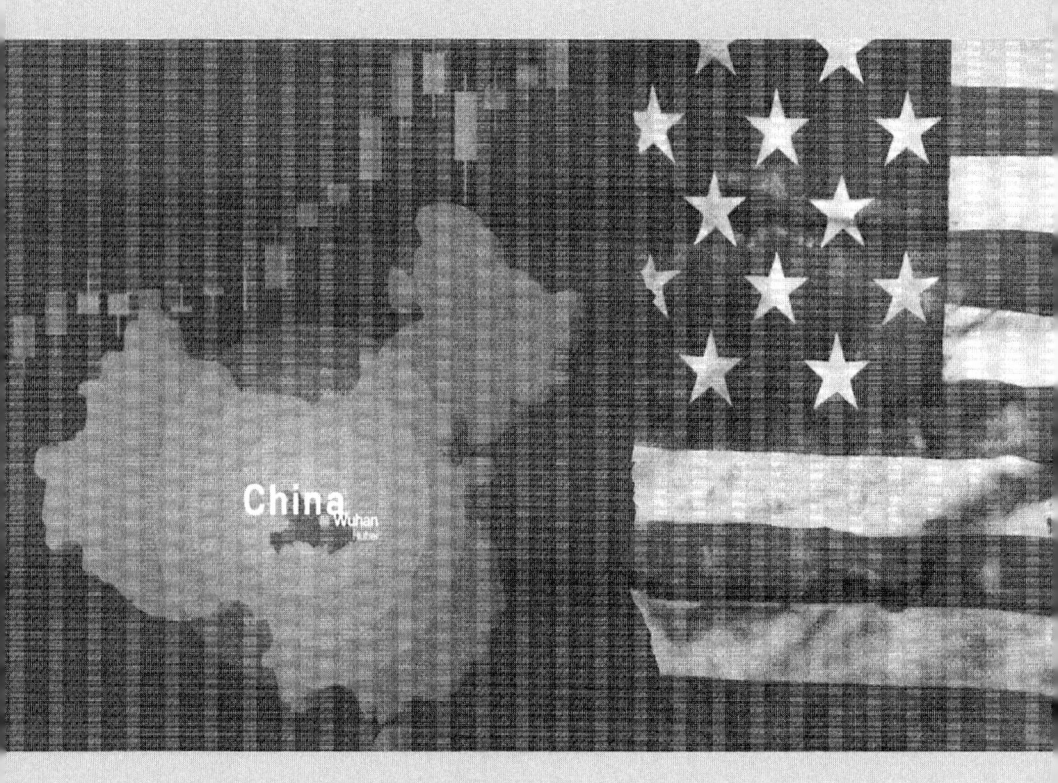

민정훈(국립외교원)

I. 2024년 미국 대선 결과 및 트럼프 2기 행정부의 대외정책

DONALD TRUMP SECOND ADMINISTRATION

The Golden Age of America Begins Right Now.

2024년 미국 대선 표심에는 경제, 이민 및 남부 국경 문제, 낙태권, 민주주의 등 다양한 요인들이 영향력을 발휘하였으나, 그중 인플레이션, 물가 등 미국 내 실물 경제 상황이 유권자 표심에 가장 큰 영향을 미친 것으로 나타났다. 이번 대선에서 트럼프 후보는 비(非)백인 유권자, 여성 유권자, 젊은 유권자, 교외 및 시골 지역에 거주하는 유권자 등 대부분의 유권자 계층으로부터 보다 많은 표를 받음으로써 승리를 거둘 수 있었다. 트럼프 후보의 압승은 트럼프 2기 행정부의 행보에 정치적 정당성을 제공해 줄 것으로 예상된다. 트럼프 2기 행정부는 '미국우선 대외정책'의 재활성화를 통해 국제무대에서 미국의 이익을 보다 공세적으로 추구할 것이며, 이는 국제질서가 '미국 우위의 다극 체제'로 변모하는 것을 가속할 것으로 전망된다.

Question
1. 2024년 미국 대선 표심에 영향을 미친 요인들은 무엇인가?

2024년 미국 대선 표심에는 경제, 이민 및 남부 국경 문제, 낙태권, 민주주의 등 다양한 요인들이 영향력을 발휘하였다. 그중 인플레이션, 물가 등 미국 내 실물 경제 상황이 유권자 표심에 가장 큰 영향을 미친 것으로 나타났다. 미국 내 실물 경제 상황이 대선 결과를 좌우하는 요인으로 부각된 것은 1980년 대선 이후 44년 만이라고 알려졌다.

사실 최근 몇 년 사이 전 세계의 부러움을 사고 있는 미국 경제의 호황을 생각할 때, 미국 경제에 불만이라는 미국 유권자들의 인식은 쉽사리 와 닿지 않는다. 이러한 인식의 괴리는 코로나19 팬데믹 이후 치솟은 미국 내 인플레이션과 물가에 주된 원인이 있다.

2020년 3월 코로나19가 미국을 강타하자, 미국 정부는 미국 내 전염 확산을 막기 위해 상점들의 영업시간 및 인원수 등을 제한하거나 금지하는 봉쇄(shut down) 정책을 실시하였다. 국내 소비가 자국 경제의 거의 70%를 차지하는 미국의 상황을 고려할 때, 이러한 봉쇄 정책은 미국 경제에 직격탄이 될 수밖에 없었다. 국민의 생계 유지 및 자국 경제의 혼란을 막기 위해 미국 정부는 막대한 돈을 풀어 국내 경제 상황을 관리하였는데, 이러한 유동성의 확장은 미국 경제의 숨통을 틔워준 한편 불가피하게 미국 내 높은 인플레이션 및 급격한 물가 상승을 가져왔다.

식료품, 휘발유, 아파트 월세, 대출 이자 등의 급등은 미국 국민들의 일상을 힘들게 만들었으며, 이러한 경제적 충격으로 인해 실업률, 일자리 창출 등 미국 내 경제 지표들이 개선되고 있음에도 불구하고 미국 유권자들은 바이든 행정부의 경제 성과를 인정하는데 소극적인 입장을 보였다.

미국 내 경제 상황에 대한 부정적인 인식은 2024년 대선 판세가 야당 후보인 공화당의 도널드 트럼프 전 대통령에게 유리하게 형성되는 데 핵심적인 역할을 하였다. 11월 대선을 앞두고 미국 내 인플레이션과 물가 상황이 점차 나아짐에 따라 미국 내 경제 상황에 대한 유권자들의 인식이 다소 개선되는 모습을 보였으나, 여당 후보인 민주당의 카멀라 해리스 부통령에게 불리한 판세를 뒤집기에는 충분하지 않았다.

또한 해리스 후보가 낙태권 수호, 민주주의 위기 등의 이슈를 부각시키며 유권자 마음 잡기에 나섰으나, 높은 물가, 남부 국경 위기 등 바이든 행정부의 실정(失政)을 비판하고 그 대안으로 '미국우선주의'를 강조한 공화당의 트럼프 후보를 꺾기에는 역부족이었다. 1992년 미국 대선에서 민주당 빌 클린턴 후보의 승리를 이끈 "It's the economy, stupid"라는 선거 구호처럼, 2024년 미국 대선 표심에 결정적인 영향을 미친 요인은 "It's the inflation, stupid"라고 하겠다. 2024년 미국 대선은 경제로 시작해서 경제로 끝난 선거라고 해도 과언이 아니다.

Question
2. 누가 트럼프 후보를 선택했는가?

 2024년 미국 대선에서는 선거인단 312표(유권자 투표 49.8%)를 확보한 공화당의 도널드 트럼프 전 대통령이 선거인단 226표(유권자 투표 48.3%)를 얻는 데 그친 민주당의 카멀라 해리스 부통령을 제치고 제47대 미국 대통령으로 당선되었다. 공화당은 대통령선거 승리와 더불어 연방 상원(53석)과 하원(220석) 선거에서도 승리를 거두며 다수당 지위를 확보하였다.

 CNN이 대선 투표일에 실시한 출구조사(exit polls) 결과는 이번 대선에서 트럼프 후보에 대한 지지가 전반적으로 증가했음을 보여준다. 구체적으로 2020년 미국 대선 결과와 비교할 때, 비(非)백인 유권자, 여성 유권자, 젊은 유권자, 교외 및 시골 지역에 거주하는 유권자의 트럼프 후보 지지가 증가한 것으로 나타났다.

 이전에 실시된 미국 대선에서와 마찬가지로, 2024년에도 민주당 후보(카멀라 해리스)는 비(非)백인 유권자들로부터, 공화당 후보(도널드 트럼프)는 백인 유권자들로부터 보다 많은 지지를 받았다. 그러나 4년 전과 비교할 때, 트럼프 후보에 대한 비(非)백인 유권자들의 지지는 증가한 반면 해리스 후보에 대한 지지는 모든 인종에서 감소하였거나 변동이 거의 없는 것으로 나타났다. 특히 라티노 유권자들(+13%)과 아시안 유권자들(+5%)의 트럼프 후보 지지가 증가한 것이 눈에 띈다. 트럼프 후보에 대한 라티노 유권자들의 지지

증가는 트럼프 후보의 승리에 상당한 기여를 한 것으로 보인다.

이번 대선에서도 민주당 후보(해리스)는 여성 유권자들, 공화당 후보(트럼프)는 남성 유권자들로부터 보다 많은 지지를 받았다. 그러나 4년 전과 비교할 때, 남성(+2%) 및 여성(+3%) 유권자들의 트럼프 후보는 지지가 다소 증가한 반면 해당 유권자들의 해리스 후보 지지는 다소 감소한 것으로 나타났다. 또한 젊은 유권자일수록 민주당 후보(해리스)를 지지하고, 나이가 많은 유권자들은 공화당 후보(트럼프)에게 투표하는 패턴이 이번 대선에서도 확인되었다. 그러나 4년 전과 비교할 때, 대부분의 연령대에서 트럼프 후보 지지는 2~7% 증가한 반면 해리스 후보에 대한 지지는 감소한 것으로 나타났다.

또한 2024년 미국 대선에서도 민주당 후보(해리스)는 도시(urban) 지역에서, 공화당 후보(트럼프)는 교외(suburban) 및 시골(rural) 지역에서 보다 많은 지지를 받았다. 그러나 4년 전과 비교해 볼 때, 트럼프 후보가 교외(+3%) 및 시골(+7%)에 거주하는 유권자들로부터 보다 많은 지지를 받은 반면 해당 지역에서 해리스 후보 지지는 감소한 것으로 나타났다.

살펴본 바와 같이 이번 대선에서 트럼프 후보는 대부분의 유권자 계층으로부터 보다 많은 표를 받음으로써 승리할 수 있었다. 트럼프 후보의 50%에 육박하는 유권자 투표 획득은 트럼프 2기 행정부의 행보에 정치적 정당성을 제공해 줄 것으로 예상된다. 또한 이번 대선 압승을 토대로 트럼프 대통령의 미국우선주의는 한동안 영향력을 강력하게 유지할 것으로 전망된다. 이번 대선에서 트럼프 전 대통령은 49.8%의 유권자 투표와 312명의 선거인단을 확보하며 여유 있게 승리하였다. 21세기 들어 공화당 대선 후보가 선거인단 투표뿐 아니라 유권자 투표에서도 승리한 경우는 2004년에 이어 이번이 두 번째이다. 트럼프 후보의 압승은 향후 공화당 인사들이 트럼프의 미국우선주의를 계승하는 데 있어 중요한 정치적 토대로 작용할 것으로 보인다.

Question
3. 2024년 미국 대선 결과는 국제질서에 어떠한 영향을 미칠까?

　이번 대선 결과에 상관없이 미국 차기 행정부는 국제무대에서 미국의 이익을 공세적으로 추구하는 대외정책 기조를 지속해 나갈 것으로 예상되었다. 21세기 들어 두 개의 중동 전쟁과 금융위기를 거치면서 부각된 국력 내실화 필요성에 대한 공감대가 미국 내에 지속되고 있기 때문이다. 따라서 이번 대선이 실시되기 전부터 미국 차기 행정부는 국력 내실화와 효율성을 강조하는 외교·안보 정책과 대내 역량 강화 및 상호 호혜성을 강조하는 경제·통상 정책 기조를 유지할 것으로 전망되었다.
　'미국우선주의'를 강조하는 트럼프 후보의 승리는 이러한 정책 기조를 보다 강력하게 추진해 달라는 미국 유권자들의 요청을 반영하고 있다. 이에 따라 '미국우선 대외정책'의 재활성화를 통해 국제무대에서 미국의 이익을 보다 노골적으로 우선시하는 미국의 모습을 향후 4년간 목도할 것으로 예상된다.
　트럼프 2기 행정부(2025-2029)의 출범은 '미국 우위의 다극체제'로의 전환을 가속화시킬 것으로 예상된다. 국제질서의 중심축을 형성하며 패권국으로서 곁을 내주지 않았던 미국의 '역량'과 '의지'가 감소하고 있으며, 트럼프의 재등장은 이러한 미국의 '쇠퇴'를 보다 활성화시킬 것이기 때문이다.
　트럼프 1기 행정부(2017-2021) 출범과 더불어 부각된 자국중심주의 성향은 '미국 이익 우선, 미국의 세계경찰 역할에 대한 회의적 입장, 양자주의 선호, 국제적 협력 후퇴, 강대국 간 불협화음' 등의 특징을 보이며 미국이 변하고 있음을 보여주었다. 이러한 미국의 변화는 미국 중심 국제질서의 지속성에 대한 의구심을 불러일으켰으며, 이에 따라 전 세계적으로 자국 이익 중심주의 및 각자도생의 분위기가 형성되었다.

국제무대에서 미국의 이익을 공세적으로 추구하는 대외정책 기조는 2020년 미국 대선에서 '미국우선주의 폐기와 글로벌 리더십의 복원'을 주장하며 당선된 바이든 행정부에서도 크게 바뀌지 않는 모습을 보였다. 미국의 경제와 여론은 세계의 다양한 문제를 해결하기 위해 막대한 국력을 투사하는 세계 경찰로 미국이 회귀하는 것을 여전히 선호하지 않았기 때문이다. 이에 따라 바이든 행정부 하 미국의 글로벌 리더십이 다소 회복되는 모습을 보였으나, 장기화되고 있는 두 개의 전쟁에 직접적인 개입을 회피하고 해결책을 제시하지 못하는 미국의 모습은 패권국의 역할을 제한적으로 수행할 수밖에 없는 미국의 현실을 확인시켜 주었다.

이러한 미국의 공백을 중국의 부상과 러시아의 부활이 메우고 있다. 급속한 경제성장을 토대로 미국의 경쟁국으로 부상한 중국은 미국 중심의 단극체제를 양극체제로 변화시키며 국제무대에서 영향력을 확대하였다. 2010년대 초반 '신형대국관계'를 주장하며 'G2' 시대의 개막을 알린 중국 시진핑 체제의 출범은 '미국 중심의 단극체제'가 '미국 우위의 양극체제'로 변화하고 있음을 전 세계에 알렸다. 중국의 부상과 더불어 '영원한 제국' 러시아의 부활은 미중 중심의 양극체제를 다극 체제로 확장시키는데 기여하고 있다. 러시아의 우크라이나 침공은 냉전 이후 미국의 패권에 도전하는 다른 강대국의 군사력 행동이라 할 수 있으며, 세계의 경찰을 자처해왔던 미국은 러시아의 침공을 억제하지 못했을 뿐 아니라 우크라이나의 안전을 보장하는 데도 실패하는 무기력한 모습을 보였다.

2024년 미국 대선에서 트럼프 후보가 재선에 성공한 것은 패권국의 지위를 유지하려는 미국의 의지가 한층 더 약화할 것임을 예고하고 있다. 그러나 이러한 국제질서의 변화가 여타 강대국들에 대한 미국의 상대적 우위가 상실됨을 의미하지는 않는다. 비록 패권국의 지위를 유지하려는 미국의 역량과 의지가 쇠퇴하고 있지만, 전 세계에 공공재를 제공하고 지난한 국제 문제를 해결할 수 있는 국가는 여전히 미국밖에 없기 때문이다. 즉 전략적 환경의 변화와 자국중심주의에 따라 미국이 만들어내고 있는 힘의 공백 상태를 메우고 이를 대체할 수 있는 능력을 지닌 국가가 아직 없는 것이다.

이러한 상황을 종합해 볼 때 현재 국제질서는 '미국 중심의 단극체제'가 '미국 우위의 양극체제'를 거쳐 '미국 우위의 다극 체제'로 변화하는 과정에 있다고 하겠다. 트럼프 전 대통령의 백악관 재입성은 이러한 국제질서의 변화를 가속하는 주된 동인으로 작용할 것으로 예상된다.

Question
4. 트럼프 2기 행정부의 대외정책 기조는 무엇인가?

트럼프 후보의 2024년 대선 캠페인 슬로건은 이전과 동일한 '미국을 다시 위대하게'이다. 이는 트럼프 전 대통령이 재선에 성공할 경우 트럼프 1기 행정부의 경험을 토대로 2기 행정부에서 '트럼프 시대'를 완성하고자 함을 보여준다. 따라서 트럼프 2기 행정부의 대외정책도 '미국우선 대외정책'의 재활성화를 통해 국제무대에서 미국의 이익을 적극적으로 추구할 것으로 예상된다.

외교·안보 분야에서 '미국우선 대외정책 2.0'은 '전략적 선택과 집중', '거래 중심적 동맹관'의 강화를 통해 보다 공세적으로 국제무대에서 미국의 이익을 추구할 것으로 보인다. 한편 경제·통상 분야에서 '미국우선 통상 정책 2.0'은 관세를 주요 수단으로 하는 미국의 무역수지 적자 감소와 미국 내 생산시설 확충 등을 통한 제조업의 부흥이 핵심을 이룰 것으로 전망된다.

트럼프 2기 행정부의 출범과 더불어 러시아-우크라이나 전쟁은 러시아에 유리한 방향으로 전개될 것으로 예상된다. 트럼프 후보는 이번 대선 캠페인 당시 취임과 더불어 러시아-우크라이나 전쟁을 평화롭게 끝내기 위해 협상에 임할 것이라고 천명했다. 협상이 어떠한 조건으로 얼마나 빨리 완료될지는 알 수 없으나, 러시아에 유리한 방향으로 전개될 가능성이 커 보인다.

한편 트럼프 2기 행정부 출범과 더불어 중동 정세는 새로운 국면을 맞이할 것으로 전망된다. 트럼프 후보는 이번 대선 캠페인 당시 이스라엘-하마스 전쟁과 관련하여 이스라엘을 전폭적으로 지지하는 동시에 전쟁을 신속히 끝내는 것이 필요하다는 입장을 보였다. 2025년 1월 현재 미국의 지원을 토대로 전쟁을 마무리하기 위해 이스라엘이 적극적으로 나서고 있는 점을 고려할 때 전쟁은 점차 마무리 수순을 밟을 것으로 보인다. 또한 트럼프 2기 행정부는 이란에 대한 압박 수위를 높이는 한편 이스라엘과 사우디아라비아와의 관계 개선을 골자로 하는 '아브라함 협정 2.0'을 추구하며 중동의 세력 균형 재편을 시도할 것으로 예상된다.

트럼프 2기 행정부는 출범과 더불어 대(對)중국 견제 정책을 공세적으로 추진할 것이며, 첨단기술 분야를 중심으로 한 '선택적 디커플링'과 '2차 미중 무역 전쟁'이 핵심을 구성할 것으로 보인다. 트럼프 2기 행정부는 중국으로부터 경제적 독립을 되찾고 제조업 강국으로 재부상한다는 주장을 토대로 '4개년 국가 리쇼어링 계획'을 추진할 것이며, 이에 따라 철강, 전자, 의약품, 첨단기술 등을 중심으로 중국이 배제된 미국 중심의 공급망 재편 작업이 본격화될 것으로 예상된다. 또한 '보편적인 기준 관세'와 '트럼프 상호 무역법' 등 관세 계획은 대중(對中) 무역수지 적자 감소를 위한 주요 수단으로 활용될 것으로 보인다. 이는 중국의 최혜국대우 철회, 미국 기업의 중국 내 투자 및 중국의 미국 자산 구매 금지 등의 조치와 더불어 중국의 강한 반발을 불러올 것으로 예상된다. 무역 분야 전반에 걸친 미중 간 갈등은 '2차 미중 무역 전쟁'으로 이어지며 세계 경제에 부정적인 영향을 미칠 것으로 전망된다.

한편 대중(對中) 상대적 우위를 유지하고 있는 군사·안보 분야에 대해서는 양국 간 직접적인 군사적 충돌은 자제하는 한편 '힘을 통한 평화'를 토대로 군사혁신 및 군사기술 개발, 역내 안보 협력 강화 등을 통해 중국과의 중·장기적인 경쟁에 대비하고자 할 것으로 예상된다. 따라서 대만 해협 혹은 남중국해 문제 등으로 인해 트럼프 2기 행정부 하 미국이 중국과 심각한 군사적 충돌을 감수할 가능성은 크지 않아 보인다. 이와 더불어 대만 문제 관련해서는 미국의 '하나의 중국 원칙'을 모호하게 유지하며 양안 관계를 관리하는 동시에 대만에 대한 무기 판매 등을 통해 중국 견제를 위한 대만의 전략적 활용을 지속해 나갈 것으로 예상된다.

참고문헌

김진하, 2017, "미국우선주의가 한미 관계에 미칠 영향," 외교 121호.

민정훈, 2024, "2024 미국 대통령 선거 결과 분석 및 대외정책 전망," 『IFANS 주요국제문제분석』, (서울: 국립외교원).

Haass, Richard, 2020, "The Pandemic Will Accelerate History Rather Than Reshape It," Foreign Affairs.

Navarro, Peter, 2023, "The Case for Fair Trade," Mandate for Leadership: The Conservative Promise 2025 (Washington D.C.: The Heritage Foundation).

Posen, R. Barry, 2013, "Pull Back: The Case for a Less Activist Foreign Policy," Foreign Affairs.

… ECONOMY AND TRADE

Ⅱ. 트럼프 2기 행정부 출범과 미중관계: 경제통상

최필수(세종대학교)

DONALD TRUMP SECOND ADMINISTRATION

경제통상 분야는 미국과 중국의 국력이 가장 직접적으로 비교되는 분야이자, 정치적 선언들이 얼마나 효과를 내고 있는지에 대한 시금석이기도 하다. 그리고 두 나라 갈등의 근원이기도 하다. 이런 측면에서 본 장에서는 다음과 같은 질문들을 다룬다. 미국 新행정부 출범이후, 미국의 대중국 기술 봉쇄는 성공할 것인가? 미국과 중국은 글로벌 사우스에 어떻게 대응할 것인가? 미국과 중국은 경제 안보를 어떻게 구현하려 하는가? 미국과 중국 간 디커플링은 어떻게 진행되고 있으며, 그로 인해 경제 및 무역에 미칠 영향은 무엇일까? 미국과 중국의 경제 규모 역전 가능성은 어떻게 될 것인가? 이러한 질문들은 모두 두 나라 사이의 관계를 근본적으로 재구성하는 중요한 질문들이고, 두 나라가 다른 나라에 자신의 국력을 어떻게 투사하는가를 보여주는 지표이기도 하다.

Question
5. 미국의 대중국 기술봉쇄는 성공할 것인가?

트럼프 1기의 대중국 기술 봉쇄는 화웨이와 같은 특정 단위를 설정하여 판매 및 구매 금지를 시행하는 방식이었다. 바이든 행정부는 이를 이어받는 동시에 반도체, 인공지능, 군사 목적 전용 가능 기술 등을 설정하여 판매 및 구매 금지의 범위를 설정했다. 이른바 "좁은 마당 높은 담장(small yard high fence)"로 알려진 바이든 행정부의 이 정책은 무분별한 대중국 봉쇄가 미국 기업과 경제에도 손해를 끼칠 수 있음을 우려한 결과이다. 가령 중국의 가장 약한 고리인 반도체에 있어, 그냥 모든 반도체를 중국에 팔지 말고 중국에서 사지도 말라고 했다가는 전 세계 전자제품은 물론 제조업 전체의 생산이 차질을 빚게 된다. 게다가 미국 기업들의 매출액도 직접적으로 타격을 입는다. 따라서 미국은 일정 기술 수준을 설정하고 그 이상을 중국에게 보이콧하는 정책을 펴왔던 것이다. 반도체에서는 그것이 나노미터라는 형식으로 표현됐다. 일정 나노미터 이상의 범용 반도체는 계속 중국이 생산할 수 있게 하고, 그것을 만드는 장비도 계속 수입할 수 있도록 내버려 뒀다. 그러나 일정 수준을 넘어서는 반도체에 대해서는 중국에서 제조가 이뤄지지 못하게 하고 중국의 제품을 사지도 못하게 했다.

트럼프 2기에도 특정 단위를 대상으로 한 봉쇄 정책과 특정 분야를 대상으로 한 봉쇄 정책이 계속 이어질 것이다. 더구나 대상은 늘어나고, 범위는 넓어지고, 담장은 높아질 것이다. 이렇게 미국의 대중국 봉쇄가 강화되는 데는 중국 측 원인과 미국 측 원인이 공존한다. 먼저 중국이 미국에 굴복하지 않았다. 중국 정부가 미국이 기술 봉쇄를 철회해 주는 대가로 어떤 양보를 하지도 않았고, 중국 기업이 미국의 제재 대상(entity)에서 벗어나기 위해 스스로의 거버넌스를 바꾸지 않았다. 그리고 미국 역시 지난 8년간 중국과의 공급망을 약화하기 위해 노력해왔다. 비록 여전히 완전한 디커플링이 이뤄질 수는 없지만, 미국 정부와 기업들은 중국과의 경제 관계가 더 나빠지는 방향으로 대비해왔지, 그 반대 방향으로 대비하지 않았기에 오늘날 미국 기업은 8년 전보다 대중국 봉쇄에 좀 더 준비가 돼 있다.

문제는 미국의 대중국 기술 봉쇄의 실효성에 의문이 제기되고 있는 것이다. 일단 미국이 중국에 대해 일방적인 제재가 가능한 사실상 유일한 분야는 반도체이다. 인공지능이나 반도체, 양자 기술 등 첨단기술 분야에서는 미국과 중국이 경쟁하고 있을 뿐이지 누가 누구를 제재할 형편이 못 된다. 호주전략정책연구소(ASPI)가 집계하는 과학기술 분야 순위에서 중국은 미국을 압도하고 있으며 (64개 분야 중 57개에서 1위, 2024년 8월) 주요 분야별 특허 수와 연구개발 투자에서도 중국이 미국에 앞서고 있다. 단지 여러 나라에 걸쳐 밸류체인이 형성돼 있고 미국이 핵심기술 몇 개를 장악하고 있는 반도체에서만큼은, 미국의 기술을 사용하는 모든 나라는 미국의 제재를 따를 수밖에 없기 때문에 중국의 독자적 생존이 불투명하다. 사실 중국뿐 아니라 그 어느 나라도 독자적으로 반도체를 만드는 나라는 없다고 할 수 있다. 미국의 기술과 일본의 소재와 네덜란드의 장비, 영국의 설계, 그리고 한국·중국·대만에 분포한 대규모 생산설비가 결합해야 하나의 반도체가 만들어진다. 반도체 분야에서 중국이 가지고 있는 것은 삼성이나 TSMC와 같은 글로벌 기업들이 구축해 놓은 생산설비와 SMIC와 같은 일부 기업의 범용 반도체 생산 능력, 그리고 화웨이와 같은 기업의 자체적인 설계 능력이 전부였다.

그런데 최근 중국은 이러한 자체 능력에 거대한 시장의 힘을 더하고 정부의 조직적인 보조금 투입과 치열한 경쟁을 통해 반도체 생산 능력을 빠르게 확충하고 있다. 미국이 제재하고 있었던 7나노미터급 이상의 제품을 생산하여 스마트폰에 탑재한다던가, 시장이 기대하지 못했던 높은 수준의 낸드 플래시를 생산해낸다든가 하는 뉴스가 계속 등장하고 있는 것이다. 한편으로는 미국의 설비수입 제재를 실험적인 방법으로 돌파해 냈고, 다른 한편으로는 어딘가에서 미국이 금지한 수준의 반도체를 비밀리에 확보해서 그런 성과를 냈다. 최근에는 딥시크(DeepSeek)라는 중국의 AI가 저사양 칩만을 사용해서 놀랍도록 효율적인 성능을 보여주어 세계를 놀라게 하기도 했다. 최필수(2022)가 은종학(2021)을 인용하여 전망한 "검약형 혁신(frugal innovation)" 현상이 실제로 벌어지고 있는 것이다.

그러나 반도체 업계의 평가는 아직 중국이 최첨단 반도체를 안정적으로, 즉 높은 수율로 생산해내는 수준은 아니라는 것이 중론이다. 이런 현상을 두고 중국은 반드시 해낼 것이라거나 중국은 절대 못한다는 식의 극단적 견해는 모두 적절치 않다. 단지 앞으로 상당 기간 동안 중국은 기술 봉쇄를 돌파하느라 애를 먹을 것이고, 더 새로운 기술을 개발하고 있는 미국과 견주어 시간이 누구 편일지는 아직 알 수 없다고 해야 정직한 판단일 것이다.

Question

6. 미국과 중국은 글로벌 사우스(글로벌 남반구)에 어떻게 대응할 것인가?

글로벌 사우스(Global South)는 서방(West)과 동방(East)이라는 이분법적 세계 구분에 반대되는 개념이다. 이것이 새로운 개념은 아니고 냉전 시절 제3세계라는 개념의 변주이기도 하고, 북반구와 남반구라는 개념의 복합체이기도 하다. 종합하면 자본주의·민주주의를 대표하는 서방이나 사회주의·권위주의로 대표되는 동방에 속하지 않는 비이념적 국가들이면서, 대체적으로 남반구, 즉 개발도상국에 속하는 나라들을 포괄적으로 지칭하는 말이다. UN 등 국제기구에서 멤버쉽을 엄밀히 정의한 적도 없기 때문에 개념적으로만 규정되는 집단이라고 할 수 있다.

멤버쉽이 불분명한 이 글로벌 사우스 국가들의 특징은 실리적이라는 것이다. 특정 이념을 표방하거나 특정 진영을 적대시하지 않고 사안에 따라 선택적으로 자신들에게 도움이 되는 입장을 취한다. 이들의 이러한 특징은 미국과 중국 역시 실리적인 접근을 하도록 만든다. 여기서 미국과 중국의 중요한 차이점이 발생한다. 미국은 가치를 표방하면서 실리적인 접근을 하는 반면, 중국은 실리 그 자체를 가치로 표방한다는 것이다.

먼저 미국은 PGII(Partnership for Global Infrastructure Investment)를 2022년 G7에 제안하면서 개도국을 대상으로 한

인프라 투자를 주도하려고 하고 있다. 2021년 B3W(Build Back Better World)에서 이름을 바꾼 PGII는 개도국에 대해 기존의 조심스러운 접근에서 벗어나 적극적인 관여(engagement)를 도모하고 있고, 그것이 주로 경제적인 인프라 건설과 관련이 있다는 점에서 중국의 일대일로(Belt and Road Initiative)와 비슷한 정책이다. 그러나 미국은 여전히 "같은 생각을 가진(like-minded)" 나라들을 대상으로 민주주의 가치를 관철하겠다는 의지를 표방하고 있다. 게다가 미국은 자국의 상품시장 개방이나 노동시장 개방을 할 수 없는 정치적 여건에 처해 있기 때문에 글로벌 사우스를 실리적으로 포용하는 데 한계가 있을 수밖에 없다.

반면 중국은 개도국을 대상으로 한 실리적 접근을 주도했다고 할 수 있다. 2013년부터 시작된 일대일로 이전부터 중국은 아프리카 등지의 개도국들에서 내정불간섭을 원칙으로 하는 경제적 접근을 해왔다. 이러한 접근이 일대일로를 통해 확대되고 주목받으면서 서방에서는 이를 부채의 덫과 같은 담론으로 비판하고 있지만 정작 개도국들은 중국과의 관계를 지속하고 있다. 가령 2024년 9월 베이징에서 열린 중국-아프리카 협력포럼에 54개 아프리카 국가 대부분의 정상이 참석했는데, 중국이 나쁘기만 했거나 무시할만했다면 있을 수 없는 일이다. 중국의 이러한 몰가치적·실리적 접근이 개도국의 거버넌스 향상에 도움이 됐는지는 밝혀진 바가 없지만, 경제성장에는 유의미한 기여를 했다는 연구는 존재한다.

중국의 글로벌 사우스 접근에 있어 미국과 가장 다른 점은 중국이 스스로 글로벌 사우스임을 자처한다는 것이다. 중국은 제3세계의 전통에 서 있고, 여전히 개도국이라는 명분이다. 이것이 단순히 중국의 개념적 자기정의에 불과하다면 그냥 무시해도 되겠지만, 실체가 있는 개념이기에 미국도 강하게 의식하고 있다. 그 실체는 BRICS이다. 실체가 없는 글로벌 사우스의 실체에 가장 가까운 실질적 국가 간 협력체에 중국이 참여하여 이끄는 것이다. "브라질, 러시아, 인도, 중국"의 대표적 신흥경제국이란 개념에서 출발한 BRICS는 2006년부터 모이기 시작하여 2010년에 남아공이 합류했고, 2024년과 2025년엔 이집트, 에티오피아, 이란, 아랍에미리트, 인도네시아가 가입했다. 10개국으로 확대된 BRICS는 2023년 세계 GDP의 28%, 세계 석유생산의 43%를 차지하게 됐다. (권율 2024) BRICS가 회원국을 넓히고 스스로 서구권보다 빠른 경제성장을 실현한다면 경제 규모에 있어 G7을 능가할 시점이 곧 도래할 것이다.

Question

7. 미국과 중국은 경제안보를 어떻게 구현하려 하는가?

경제 안보(economic security)는 코로나 팬데믹 당시 공급망 위기를 겪으며 전 세계적으로 대두되어 최근까지 회자되고 있는 개념이다. 특히 중국의 제품과 자원에 미국을 비롯한 전 세계가 크게 의존하고 있음이 새삼스레 드러나면서 경제 안보 추구는 탈 중국과 비슷한 맥락에서 이해되고 있다. 그런데 사실은 중국도 미국의 기술에 의존하고 있는 부분이 컸기에 미국으로부터의 기술 보이콧 위협을 받자 중국은 기술 자립을 추진하고 있다. 중국판 경제 안보 정책인 셈이다.

바이든 행정부에서 미국이 경제 안보를 추구하는 방식은 다자간 협의체 구성과 자체 공급망 구축이었다. 2022년 출범한 인도태평양경제프레임워크(IPEF)와 같은 다자간 협의체를 구성하여 서로 취약점을 보완하자는 것이었다. IPEF의 네 개 분야(pillar)는 무역, 공급망, 청정경제, 공정경제인데 이 중 실질적으로 가장 활발한 협력 논의가 이뤄지고 있는 분야가 공급망이다. 같은 해 출범한 핵심광물안보파트너쉽(MSP)은 광물자원에 특화하여 공급망 안정을 도모하고자 하는 미국 중심의 협의체이다. 둘 다 우리나라가 가입해 있다.

이러한 다자한 협의체 구성과 더불어 자체 공급망 구축도 미국에게 중요한 경제 안보 정책이다. 중국뿐 아니라 한국·대만 등 동아시아에 분포해 있는 대규모 생산설비를 자국으로 이전하고 뒤떨어진 산업경쟁력을 만회하기 위해 보조금을 투입해 역량을 키우겠다는 것이다. 반도체와 배터리, 자동차가 그 주요 분야이기에 우리나라에도 잘 알려져 있다. 인플레이션감축법(IRA)이나 칩과 과학법(CHIPS and Science Act)이 그 제도적 실체이다.

문제는 이상의 두 가지 정책 - 다자간 협의체 구성과 자체 공급망 구축 - 이 트럼프 2기 행정부에 들어 모두 흔들릴 수 있다는 것이다. 트럼프는 외국에 대한 문호개방에 부정적인 태도를 취해왔고 탈탄소 녹색경제 추진에도 적의를 드러내 왔다. 그런 내용이 포함된 IPEF에 대한 미국의 충성도는 트럼프의 취임과 함께 떨어질 수밖에 없다. 또한 IRA에 포함된 외국기업에 대한 보조금에 대해서도 트럼프는 부정적인 언급을 해왔다. 비록 작년 말 한국기업들이 예정된 보조금을 정상적으로 수령하면서 일차적인 정권 교체 리스크는 피했지만 향후 이 리스크가 어떻게 발현될지 미지수이다. 트럼프는 관세 부과를 통해 미국 시장에 진입하기를 원하는 외국기업이 미국 내 생산을 위한 투자를 할 수밖에 없게 만들겠다고 주장해왔다. 이러한 주장의 실현 가능성과 함께 반도체와 배터리 공급망이 그저 이전되기만 하는 것이 아니라 인력과 노하우도 함께 이식돼야 한다는 점에서 미국의 공급망 재구축 경제 안보 정책은 전망이 밝지만은 않다.

한편 중국은 대체로 경제적 유인에 따라 형성된 글로벌 밸류체인의 수혜자였기에 이를 끊어내고 재구축하는 과정 자체가 고통스럽다. 중국으로서는 전 세계가 다 같이 경제 안보를 추구하지 않는 것이 가장 행복할 것이다. 그러나 그것을 피할 수 없는 상황이 됐고 남들이 자기에게 구사하는 공격적 정책을 인내하기만 할 수도 없게 됐다. 이런 상황에서 중국은 상대방이 적대적 정책을 구사하는 만큼만 받아치는 소극적이고 대응적인 반응(reaction)을 하고 있다. 2024년 유럽이 중국산 배터리에 관세 부과를 확정하여 유럽산 브랜디, 유제품, 돼지고기 등에 대한 수입을 규제하는 조치를 취하고, 미국이 반도체 규제를 확대하자 흑연과 갈륨 등 광물자원 수출을 통제했던 것이 그러한 예이다. 이러한 대응을 원활히 하기 위해 관련 법률을 구축했는데, 이미 그러한 법률구축 자체가 외국에 대한 경고 메시지였다.

　미국에서 경제 안보 추구는 자신의 경제적 이익을 키우는 방법이기도 하다. 외국에 구축된 부가가치와 고용을 자국으로 가져오는 것이기 때문이다. 그러나 중국은 경제 안보를 추구할수록 경제적 이익을 희생해야 한다. 중국이 미국에 비해 소극적이고 대응적일 수밖에 없는 이유이다.

Question
8. 미국과 중국 간 디커플링은 어떻게 진행되고 있는가?

미국은 중국과의 디커플링(decoupling), 즉 탈동조화를 추진해왔다. 미국은 2018년부터 중국의 일부 품목에 25%의 관세를 부과했으며 10% 이상의 추가 관세를 부과하는 품목은 이후 더 늘어났다. 중국 역시 이와 비슷한 규모의 대미 관세를 매기기 시작했다. 이후 두 나라는 협상을 통해 중국이 미국으로부터의 수입을 늘리는 대신 추가적인 관세인상은 하지 않기로 했다. 천연가스, 곡물, 항공기 등이 중국이 미국으로부터 추가 구매하기로 한 품목들이다. 이런 상태에서 미국의 정권이 바뀌자 미국이 중국에 대한 천연가스 판매를 거부하기도 하고, 중국이 미국의 곡물 수입 약속을 지키지 않기도 하면서 무역협정은 제대로 지켜지지 않았다. 때마침 발생한 코로나 팬데믹도 상황을 복잡하게 만드는 데 일조했다.

한편 바이든 행정부는 디커플링보다 완화된 뉘앙스의 디리스킹(de-risking)이란 표현을 쓰면서 중국에 대한 추가적인 관세 부과는 하지 않았고 앞서 언급한 대로 "좁은 마당 높은 담장(small yard high fence)"의 기술 봉쇄 위주의 정책을 구사했다. 그렇다고 트럼프 1기 때 부과했던 관세를 다시 낮추지는 않았다.

이제 재집권한 트럼프는 중국은 물론이고 멕시코와 캐나다 등을 가리지 않고 높은 관세를 부과할 것임을 천명했다. 이러한 일련의 사태를 통해 그동안 미국과 중국은 과연 얼마나 디커플링 됐을까?

[표 1] 미국과 중국 20대 수출입 대상국의 변화

(2017~2024, %)

미국							
수출				수입			
2017		2024*		2017		2024*	
캐나다	18.3	캐나다	17.0	중국	21.6	**멕시코**	**15.6**
멕시코	15.7	멕시코	16.3	멕시코	13.4	중국	13.5
중국	8.4	중국	6.9	캐나다	12.8	캐나다	12.6
일본	4.4	네덜란드	4.3	일본	5.8	독일	4.9
영국	3.6	일본	3.9	독일	5.0	일본	4.6
독일	3.5	영국	3.8	한국	3.0	**베트남**	**4.2**
한국	3.1	독일	3.7	영국	2.3	한국	4.0
네덜란드	2.7	한국	3.2	이탈리아	2.1	대만	3.6
홍콩	2.6	브라질	2.4	프랑스	2.1	아일랜드	3.2
브라질	2.4	싱가포르	2.2	아일랜드	2.1	인도	2.7
프랑스	2.2	프랑스	2.1	인도	2.1	이탈리아	2.3
벨기에	1.9	인도	2.0	베트남	2.0	영국	2.1
싱가포르	1.9	대만	2.0	대만	1.8	**태국**	**1.9**
대만	1.7	벨기에	1.7	말레이시아	1.6	프랑스	1.8
인도	1.7	호주	1.7	스위스	1.5	스위스	1.7
호주	1.6	이탈리아	1.6	태국	1.3	말레이시아	1.6
스위스	1.4	말레이시아	1.3	브라질	1.3	싱가포르	1.3
UAE	1.3	홍콩	1.3	이스라엘	0.9	브라질	1.3
이탈리아	1.2	UAE	1.3	인도네시아	0.9	네덜란드	1.1
사우디	1.1	스위스	1.3	싱가포르	0.8	벨기에	0.9

중국							
수출				수입			
2017		2024		2017		2024	
미국	18.9	미국	14.6	한국	9.9	대만	8.4
홍콩	12.3	홍콩	8.2	일본	9.2	한국	7.0
일본	6.0	**베트남**	**4.5**	대만	8.7	미국	6.4
한국	4.5	일본	4.2	미국	8.4	일본	6.0
베트남	3.1	한국	4.1	중국	7.4	호주	5.5
독일	3.1	인도	3.4	독일	5.4	러시아	5.0
인도	3.0	러시아	3.2	호주	4.8	중국	4.6
네덜란드	3.0	독일	3.0	브라질	3.3	브라질	4.5
영국	2.5	말레이시아	2.8	말레이시아	3.0	말레이시아	4.3
싱가포르	2.0	네덜란드	2.5	태국	2.3	베트남	3.8
대만	1.9	**멕시코**	**2.5**	러시아	2.3	독일	3.7
러시아	1.9	**태국**	**2.4**	베트남	2.3	인도네시아	2.8
말레이시아	1.8	싱가포르	2.2	사우디	1.8	사우디	2.2
호주	1.8	영국	2.2	싱가포르	1.6	스위스	2.1
태국	1.7	인도네시아	2.1	인도네시아	1.6	태국	1.9
멕시코	1.6	대만	2.1	프랑스	1.5	캐나다	1.8
인도네시아	1.5	브라질	2.0	영국	1.2	칠레	1.6
필리핀	1.4	호주	2.0	칠레	1.2	이라크	1.5
캐나다	1.4	UAE	1.8	이탈리아	1.1	UAE	1.4
브라질	1.3	필리핀	1.5	앙골라	1.1	프랑스	1.4

자료: 한국무역협회 데이터를 이용하여 저자 작성
* 주: 미국의 2024년 데이터는 11월까지임

서로 공격적 관세 부과를 주고받기 전인 2017년부터 최근 2024년까지 미국과 중국의 교역 통계를 살펴보면 이에 대해 짐작할 수 있다.

이를 분석한 [표 1]에 따르면 미국의 수입 대상국 중에서 중국의 비중은 21.6%에서 13.5%로 8.1%p나 낮아졌다. 중국의 수출대상국 중에서 미국의 비중도 18.9%에서 14.6%로 4.3%p 낮아졌다. 그러나 여전히 미국은 중국 최대의 수출대상국이다.

그렇다면 미국은 중국 대신 어디로부터 수입하고 있을까? 금액으로 치면 2017년 대비 2024년 중국으로부터의 수입은 1천억 달러가 넘게 줄었다. 트럼프가 의도했던 대로 이 금액만큼 미국이 자체 생산하게 된 것은 아니다. 대신 다른 나라로부터의 수입이 중국으로부터의 수입을 대체했다. 미국 수입시장에서 비중이 크게 늘어난 나라는 멕시코와 베트남, 캐나다, 대만, 한국, 인도, 태국 등이 있다. 이런 나라들을 통해 중국이 미국으로 우회 수출하고 있을 가능성이 크다. 물론 한국과 대만은 대미 투자 증가로 인한 미국 현지 자회사의 설비수입 때문에 비중이 커졌을 수도 있다. 아무튼 나머지 나라들에 대한 중국의 수출 비중이 커진 것으로 미루어 짐작건대 중국의 미국으로의 우회 수출 통로로 활용되고 있는 것으로 보인다. 이상을 정리하면, 디커플링은 분명히 발생하고 있지만 궁극적인 중국의 영향력 약화는 제한적으로만 발생하고 있다고 보인다.

Question
9. 미국과 중국의 경제규모는 역전될 것인가?

많은 사람이 중국의 경제 규모가 미국을 언제 추월하느냐를 중요하게 생각한다. "세계 최고가 누구냐"라는 직관적인 질문에 대한 답일 뿐 아니라, "누가 더 큰 시장이냐"는 상업적 질문에 대한 답이기도 하다. 그뿐만 아니라 군사력도 곧 경제력에 기초해 있기에 "누가 더 세냐"라는 질문에 대한 답으로 여겨지기도 한다.

IMF에 따르면 미국과 중국의 2024년 명목 GDP는 각각 30.37조 및 19.53조 달러이다. 아직까지 미국이 훨씬 앞서 있다. 최근 중국의 성장률이 주춤하고 미국의 성장률이 높아지면서 중국이 미국을 추월할 날이 멀어지고 있다거나 영영 추월하지 못할 것이라는 전망도 나온다. 그러나 이러한 인식들은 다음과 같은 이유로 수정돼야 한다.

첫째, 물가와 환율을 고려한 실질 GDP를 간과해선 안 된다. 2008년 글로벌 금융위기 이후 미국은 '양적완화'라는 새로운 경기 대응 정책을 구사하고 있다. 화폐를 대폭으로 늘려 발행하고 그를 통해 경제활력을 도모하는 정책이다. 특히 지난 코로나 팬데믹 때는 재난지원금을 모든 가계에 꽂아주는 식으로 매우 적극적인 재정정책을 구사했다. 이러한 양적완화의 귀결로 명목 GDP는 늘어날 수 있지만 실제 부가가치가 그만큼 늘어난 것은 아니기에, 물가 상승분만큼을 차감해야 정확한 경제 성장분을 알 수 있다. 그리고 이렇게

해서 물가가 높아지면 이를 해결하기 위해 금리를 올리게 되는데 그 것은 곧 달러 가치의 상승으로 이어진다. 즉 달러화로 환산하여 표기한 다른 나라의 GDP를 저평가시키게 된다. 이런 문제를 다루기 위해 구매력평가(PPP) GDP를 사용해 왔다. PPP 기준을 적용하면 중국은 이미 2016년에 미국을 추월했으며 2024년에는 37.07조 달러 대 29.17조 달러로 미국에 비해 상당히 앞서 있다. 중국도 경기부양을 위해 통화량을 늘리곤 하지만 미국만큼 적극적으로 하지는 않고, 따라서 금리도 미국만큼 극적으로 끌어올리지 않기에 물가와 환율로 인한 GDP 팽창 효과가 미국보다 적다.

둘째, GDP의 질을 살펴야 한다. 미국은 중국에 비해 좀 더 시장가치를 충분히 반영한 GDP 집계 체계를 갖추고 있다. 가령 자가주택 보유의 GDP 책정에 있어 중국은 공시지가를 기준으로 하지만 미국은 실제 인근 거래가격, 즉 시가(市價)를 기준으로 한다. 중국이 이 기준을 바꾸는 것만으로도 상당한 GDP 상승효과가 있다. 그뿐만 아니라 불로소득이 개입되는 금융·보험·부동산업(FIRE)의 매출액이 모두 GDP에 반영되는데 이 부문의 비중이 미국이 월등히 크다는 점을 생각하면 미국 GDP 총량의 밀도가 중국보다 떨어질 것이라고 짐작케 된다. (마이클 허드슨 2023)

셋째, 유량과 저량을 구분해야 한다. GDP는 1년 동안 발생한 부가가치를 더한 유량(flow) 값이다. 그러나 미국이 세계 최강대국으로 수십 년을 지내면서 축적한 사회적 자본과 과학적 역량의 저량(stock)은 중국이 몇 년 사이에 추월할 수 있는 것이 아니다. 즉 설사 중국의 GDP가 미국을 추월했다고 해서 승부가 결판난 것처럼

단정지을 수는 없다.

　이상을 고려하면, 경제 규모에 있어 중국이 미국을 추월하느냐 마느냐는 그다지 중요한 질문이 아닐 수 있다. 그보다 중요한 질문은 이런 것들이 될 것이다. 새로운 산업이 어디에서 탄생하는가? 주요 산업의 핵심기술은 누가 가지고 있는가? 누구의 표준이 더 많이 채택되고 있는가? GDP 규모의 추월은 이러한 현상이 누적된 하나의 지표에 불과하다. 올바른 질문이 실질적 함의를 보여준다.

참고문헌

권율, 2024, "글로벌 사우스의 부상과 대응과제", 『미래정책 FOCUS』 2024 여름호

마이클 허드슨, 2023, 『문명의 운명』, 아카넷

은종학, 2021, 『중국과 혁신』, 한울아카데미

최필수, 2022, "14·5 계획 이후 중국의 경제안보형 산업정책의 양상 전망", 『중국사회과학논총』 4(2), p.61~91.

한국무역협회 무역통계 https://stat.kita.net/

III. 트럼프 2기 행정부 출범과 미중관계: 외교안보

신종호(한양대학교 ERICA)

DONALD TRUMP SECOND ADMINISTRATION

트럼프 2기 행정부의 출범은 미·중 관계에 새로운 불확실성을 가져오며, 외교·안보와 경제 전반에서 심화된 전략경쟁의 양상을 예고하고 있다. '미국우선주의(America First)'를 표방하는 트럼프 행정부와 '중화민족의 위대한 부흥'을 추구하는 중국 간의 갈등은 기술, 경제, 군사 분야로 확대될 가능성이 크다. 특히, 대만 문제와 남중국해에서의 군사적 긴장 고조와 더불어, 트럼프 행정부의 대중 강경 노선은 양국 간 지정학적 대립을 심화시킬 전망이다. 동시에, 첨단기술과 경제 패권을 둘러싼 경쟁은 글로벌 가치사슬의 변화를 초래하며, 중국은 이에 대응하기 위해 내수 경제 강화와 글로벌 협력 네트워크 확장을 모색할 것으로 보인다. 그러나 초국경적 문제인 기후 변화, 글로벌 보건 위기, 북한 비핵화 등에서는 제한적이지만 협력의 필요성이 여전히 존재한다. 트럼프 2기 행정부의 예측 불가능성과 강경한 정책 기조 속에서도, 양국이 경쟁과 협력을 조화롭게 관리할 수 있을지는 국제질서의 중요한 시험대가 될 것이다.

Question

10. 트럼프 2기 미중 외교안보관계는 어떤 방향으로 재정립될 것인가?

트럼프 2기 행정부의 출범은 미·중 관계에 불확실성을 증폭시키고 있으며, 안보 및 경제 분야에서 새로운 도전과 변화를 예고하고 있다. '미국우선주의'를 내세우는 트럼프 행정부와 '중화민족의 위대한 부흥'을 추구하는 중국 간의 전략경쟁은 더욱 심화될 가능성이 크다. 하지만 최근 몇 년 동안 국제질서는 급격히 변화했고, 특히 미중 전략경쟁이 갈수록 심화되고 있다는 점에서, 트럼프 2기 행정부 출범 이후 미중 외교·안보 관계는 과거보다 더 복잡하고 예측 불가능한 양상을 보일 가능성이 크다.

먼저, 지정학적 대립이 심화함에 따라 트럼프 2기 행정부는 중국에 대한 강경 노선을 강화할 전망이다. 2020년대 초반부터 이어진 미중 전략경쟁은 이미 기술, 경제, 군사 전반으로 확대되었으며, 트럼프 대통령은 이를 자신의 정치적 정체성을 강화하는 도구로 활용할 것이다. 특히, 대만 문제와 남중국해에서의 군사적 긴장은 이전보다 더 고조될 가능성이 크다. 트럼프 행정부는 대만에 대한 군사 지원을 확대하며 중국의 군사적 압박에 대응할 가능성이 크고, 남중국해에서도 '항행의 자유 작전'을 강화하며 중국의 해양 진출을 견제하려는 움직임이 가속화될 것으로 보인다. 이러한 정책은 미국의 인도·태평양 동맹국들과의 협력을 심화하는 동시에, 중국과의 대립 구도를 명확히 하는 결과를 낳을 것이다.

다음으로, 경제와 기술에서의 전략경쟁이 격화될 것이다. 트럼프 2기 행정부는 중국의 경제적 부상을 억제하기 위해 기존 관세정책을 재활용하거나, 새로운 경제 제재를 도입할 가능성이 크다. 특히, 반도체, 인공지능, 양자 기술 등 첨단 산업에서의 기술 패권 경쟁은 더욱 치열해질 것이다. 중국은 이러한 압박에 대응해 내수 중심의 경제 전략을 가속화하고, 미국의 기술 봉쇄를 우회하기 위한 글로벌 협력 네트워크를 강화할 가능성이 크다. 미국과 유럽 간 틈을 공략하거나, 글로벌 사우스(Global South) 국가들과의 협력을 통해 새로운 경제 블록을 형성하려는 움직임도 가속화될 것으로 예상된다.

하지만 미중 간 외교·안보 분야에서 협력의 여지와 함께 갈등 관리 국면이 지속될 것이다. 미중 간 전략경쟁의 심화에도 불구하고, 양국 관계가 단순히 적대적 대립으로만 전개되지는 않을 것이며, 기후 변화, 글로벌 보건 위기, 북한 비핵화 등과 같은 초국경적 도전 과제에서는 협력의 필요성이 여전히 존재하기 때문이다. 트럼프 행정부가 기후 변화 문제에 소극적이라는 점은 걸림돌이 될 수 있지만, 북한 문제에서는 중국과의 제한적 협력이 유지될 가능성도 있다. 특히, 북한 비핵화와 한반도 문제는 트럼프 2기 행정부에서 미중 간 협력을 시험하는 주요 과제가 될 것이다. 트럼프 대통령이 자신의 '외교성과'를 부각하기 위해 중국을 협상 테이블로 끌어들이는 시도를 할 가능성도 배제할 수 없다.

결국, 트럼프 2기 행정부 출범 이후 미중 외교·안보 관계는 경쟁 혹은 갈등이 지배적인 구도로 전개되겠지만, 동시에 제한적 협력을 통해 갈등을 관리하려는 움직임이 병행될 것이다. 미중 간 전략경쟁의 심화는 기존 국제질서를 근본적으로 재편하여, 세계는 더 이상 단극체제가 아닌 다극적 경쟁 구도로 이동할 가능성이 크다. 트럼프 대통령 특유의 예측 불가능성과 강경 노선, 그리고 시진핑 국가주석의 공세적 외교는 양국 간 경쟁과 갈등의 장기화 및 구조화를 초래할 수 있다. 하지만 두 강대국이 충돌을 넘어 공존의 새로운 질서를 구축할 수 있을지, 아니면 냉전적 대립으로 회귀할지는 여전히 세계질서의 가장 중요한 변수로 남아 있다. 트럼프 2기 행정부 출범 이후 미·중 관계는 단순한 국가 간 경쟁과 갈등을 넘어, 글로벌 평화와 안보, 그리고 경제적 번영의 향방을 결정짓는 중대한 시험대가 될 것이다.

Question
11. 트럼프 2기 미국의 대중국 정책에서 핵심 쟁점은 무엇인가?

트럼프 2기 행정부의 출범은 미국의 대중국정책에서 또다시 격랑을 예고하고 있다. '미국우선주의'를 기치로 내건 트럼프 대통령의 대중국 정책은 '불확실성'과 '강경함'이라는 특징을 동시에 드러내며, 양국 관계의 복잡성을 더욱 심화시키고 있다. 트럼프 행정부의 대중국 정책은 단순한 경쟁 구도를 넘어, '디커플링(decoupling)'과 '봉쇄' 전략을 통해 중국의 부상을 억제하려는 의도를 분명히 함과 동시에 '협력'의 여지를 완전히 차단하지 않고 있다.

첫째, '미국우선주의'에 기반한 트럼프 2기 행정부의 대중국정책은 경제적 압박과 기술 경쟁 심화 등으로 발현될 것이다. 먼저, 고율의 관세 부과를 통한 경제적 압박 가능성이 있다. 트럼프 대통령은 이미 1기 행정부에서 중국산 수입품에 고율 관세를 부과하며 무역전쟁을 시작한 바 있다. 이제 출범한 2기 행정부에서도 역시 고율의 관세를 재부과하려는 시도를 통해 중국경제에 직접적인 타격을 가하려 할 수 있다. 이는 중국의 수출을 위축시키고, 미국 내 제조업 부활을 꾀하는 보호무역주의 정책의 일환이다. 다음으로, 트럼프 2기 행정부는 '기술 수출 통제'로 대표되는 기술디커플링을 통해 중국의 첨단기술 발전을 저해하려 할 것이다. 반도체, 인공지능(AI), 양자컴퓨팅 등 미래 산업 경쟁력을 좌우하는 핵심기술 분야에서 중국의 접근을 차단하고, 미국 중심의 공급망을 재편하려는 시도가 더욱 강화될 것이다. 이는 중국의 '기술 자립' 노력에 제동을 걸고, 미국의 기술 우위를 유지하려는 전략이다. 또한 트럼프 2기 행정부는 '경제적 디커플링'을 통해 중국에 대한 의존도를 줄이고, 핵심 산업의 공급망을 미국 또는 우방국으로 이전하려 할 것이다. 이는 중국을 배제한 새로운 글로벌 공급망을 구축하려는 시도로, 중국의 경제성장에 부정적인 영향을 미칠 수 있다.

둘째, 안보 분야의 트럼프 2기 행정부의 대중국 정책은 긴장 고조와 우발적 충돌 가능성을 높일 것이며, 주로 대만 문제와 남중국해 문제 등에서 발현될 수 있다. 먼저, 트럼프 2기 행정부는 대만에 대한 군사적 지원을 확대하고, '비대칭 전력(asymmetric capabilities)' 개발을 지원하며 중국을 압박할 수 있다. 중국은 대만을 '핵심 이익'으로 간주하며, 필요시 무력 사용 가능성을 배제하지 않고 있다. 이러한 상황은 대만 해협에서 군사적 긴장을 고조시키고, 우발적인 충돌 위험을 증가시킬 수 있다. 다음으로, 트럼프 2기 행정부는 남중국해에서 중국의 해양 권익 주장에 맞서, '항행의 자유 작전'을 지속할 것이다. 이는 중국의 해양 진출을 견제하고, 국제 해양법 질서를 수호하려는 목적을 가지고 있으나, 중국과의 충돌 가능성을 높이는 요인이 될 수 있다.

그럼에도 불구하고 트럼프 2.0시대 미국의 대중국정책은 협력과 대립이 공존 양상을 동시에 보일 가능성이 있다. 먼저, 트럼프 대통령이 '딜 메이커(dealmaker)' 기질을 가지고 있다는 점에서, 미국과 중국은 특정 사안에서 협력할 가능성을 완전히 배제할 수 없다. 특히 북한 문제와 같이 공통의 이해관계를 가진 분야에서는 협력의 가능성이 여전히 존재한다. 또한, 틱톡(TikTok) 문제에서 보듯, 트럼프는 비즈니스 관점에서 중국과의 합의를 추구할 가능성이 있다. 하지만, 트럼프 행정부는 중국을 미국의 '유일한 경쟁자(only competitor)'로 규정하고 있다는 점에서, 중국의 부상을 견제하려는 전략을 지속적으로 추진할 것이다. 특히 경제와 기술 분야에서 '디커플링'을 강하게 추진함으로써 중국의 반발을 야기할 수 있다. 또한, 안보 분야에서는 대만 문제와 남중국해 갈등으로 인해 군사적 긴장이 고조될 가능성이 크다.

Question

12. 트럼프 2기 미중 외교안보 분야의 3C는 어떻게 균형을 잡을 것인가?

트럼프 2기 행정부의 출범은 미·중 관계에 불확실성을 드리우고 있으며, 경쟁(Competition), 갈등(Conflict), 협력(Cooperation)이라는 세 가지 축 사이에서 복잡한 균형을 모색해야 하는 과제를 안고 있다. 이 3C의 상호작용은 미국과 중국 간의 단순한 국익 충돌을 넘어 국제질서의 미래를 결정짓는 중요한 시험대가 될 것이다.

트럼프 2기 행정부에서도 미·중 관계는 '경쟁'이 주류가 될 것이며, 경제 및 기술 분야에서 가장 치열하게 전개될 것이다. 트럼프 2.0 행정부는 중국을 '전략적 경쟁자(strategic competitor)'로 규정하고, 경제 및 기술 분야에서 더욱 강력한 압박을 가할 것으로 예상된다. 대표적인 사례가 고율의 관세 부과, '기술 수출 통제' 강화로 대표되는 기술 디커플링, 그리고 새로운 글로벌 공급망 재편을 통한 중국 견제 등으로 나타날 것이다. 특히 반도체, 인공지능, 6G 통신 기술 등 첨단 산업에서의 경쟁은 글로벌 가치사슬에까지 영향을 미칠 것이다. 미국은 동맹국들과 협력하여 중국의 기술굴기를 억제하려는 전략을 가속화할 것이며, 중국은 자급자족을 목표로 기술적 독립과 내수 경제 강화에 더욱 박차를 가할 것이다. 이러한 경제 및 기술 분야에서의 경쟁 심화는 단순히 미중 간 갈등을 심화시키는 것에서 벗어나 세계 경제의 구조적 변화를 초래하는 요인이 될 가능성이 있다.

트럼프 2.0 시대 미중 안보 분야 갈등은 주로 지정학적 긴장과 군사적 대치로 나타날 것이다. 지정학적 긴장의 중심에는 대만 문제와 남중국해 문제가 자리 잡고 있다. 트럼프 행정부는 대만에 대한 군사적 지원을 확대하고, 인도·태평양 전략을 통해 중국의 해양 진출을 억제하려는 정책을 강화할 가능성이 크다. 이는 중국이 대만 문제를 자국의 핵심 이익으로 간주하며 강력히 반발하는 이유가 될 것이다. 또한 남중국해에서의 군사적 충돌 가능성도 배제할 수 없다. 트럼프 대통령 특유의 예측 불가능한 외교 스타일은 군사적 긴장을 더욱 고조시키는 요인으로 작용할 수 있다. 양국의 갈등이 통제 불가능한 충돌로 비화될 경우, 이는 글로벌 안보에 심각한 위협을 초래할 것이다.

트럼프 2.0 시대 미중 간 외교·안보 분야에서의 협력은 제한적이지만, 불가피한 공존을 모색할 것이다. 미·중 관계의 경쟁과 갈등에도 불구하고 협력의 필요성은 여전히 존재한다. 기후 변화, 글로벌 보건 위기, 북한 비핵화와 같은 초국경적 문제는 양국 간 협력을 필요로 하는 대표적인 분야다. 특히 북한 문제에서는 중국의 협력 없이는 미국의 정책이 효과를 거두기 어렵다. 트럼프 2.0 시대에도 미국은 중국과의 제한적 협력을 통해 글로벌 도전에 대응할 가능성이 있다. 그러나 이러한 협력은 양국 간 신뢰 부족과 전략적 이해관계의 충돌로 인해 매우 제한적일 수밖에 없다.

이처럼 트럼프 2.0 시대의 미중 외교·안보 관계는 경쟁과 갈등이 협력보다 훨씬 우위를 점하는 구도로 전개될 가능성이 크며, 특히 트럼프 행정부의 불확실성과 강경한 대중국 정책 등으로 인해 미중 간 3C 균형을 찾기가 쉽지 않을 수 있다. 트럼프 행정부는 '미국우선주의'를 내세우며 중국을 압박하는 동시에, 협력의 여지를 남겨두는 모순적인 행보를 보일 가능성이 크며, 이러한 상황 속에서 미국과 중국 모두 자국의 이익을 극대화하기 위해 전략적 선택을 할 것이다.

하지만, 트럼프 2.0 시대의 미중 외교·안보 관계는 국제정치의 가장 큰 변수로 작용할 것이다. 경쟁과 갈등이 중심축이 될 가능성이 크지만, 양국이 협력의 필요성을 완전히 외면할 수는 없다. 미중 양국이 단기적 국익에 매몰되지 않고, 세계 평화와 번영을 위한 책임 있는 선택을 할 필요성이 있다. 3C의 균형은 쉽지 않겠지만, 그것이야말로 국제사회가 직면한 불확실성을 줄이고, 새로운 질서를 형성할 수 있는 유일한 길일 것이다. 미중 간 외교·안보 분야에서 3C의 균형을 잡기 위해서는 양국이 전략적 안정성을 유지하고, 의사소통 채널을 활성화하며, 갈등을 관리할 수 있는 체계를 마련해야 한다. 경쟁이 반드시 갈등으로 이어지지 않도록 긴장을 관리하는 것이 중요하다. 이를 위해 양국은 핵심 이익을 명확히 정의하고, 서로의 레드라인을 존중해야 한다. 또한, 협력의 여지를 넓히기 위해 글로벌 거버넌스 차원에서 양국의 공통된 이해관계를 탐색하는 노력이 필요하다.

Question
13. 대만문제는 트럼프 2기 미중관계에서 어떤 역할을 할 것인가?

대만 문제는 단순한 지역 분쟁을 넘어 미중 양국의 지정학적, 이념적 대립을 상징하는 이슈다. 트럼프 행정부는 지난 임기 동안 대만을 '민주주의의 전초기지'로 부각하며 대만에 대한 지원을 강화했다. 특히 무기 판매와 고위급 교류를 통해 중국의 반발을 무릅쓰고 대만과의 관계를 밀착시켰다. 이러한 움직임은 트럼프 2기에도 지속되거나 강화될 가능성이 크다.

트럼프 2기 행정부 출범 이후 대만 문제는 미중 간 경쟁과 갈등의 핵심축으로 자리 잡을 가능성이 크다. 트럼프 대통령이 '미국우선주의' 기조를 바탕으로 대만 문제를 거래적 관점에서 접근할 가능성이 크기 때문이다. 이는 트럼프 대통령이 과거에 대만의 방위 지원에 대한 대가 지불을 요구하거나, 대만과의 관계를 통해 중국에 압력을 가하려는 의도를 드러낸 것에서 확인할 수 있다. 트럼프 행정부는 대만을 중국과의 협상 카드로 활용하거나, 대만과의 관계를 통해 미국의 이익을 극대화하려는 경향을 보일 수 있다. 먼저, 트럼프 2기 행정부는 중국을 '주요 경쟁자(chief competitor)'로 인식하고 있으며, 경제, 안보, 기술 등 다양한 분야에서 중국에 대한 압박을 강화할 것으로 예상된다. 이러한 상황에서 대만 문제는 미중 갈등의 핵심 요소로 작용하며, 트럼프 행정부는 대만 카드를 활용하여 중국을 압박하려 할 수 있다. 다음으로, 트럼프 행정부의 '거래적 접근'은 미국의 대만 방위 공약에 대한 불확실성을 증폭시킬 수 있다. 트럼프 대통령은 대만의 안보를 우선시하기보다는 미국의 이익에 따라 대만 정책을 결정할 수 있으며, 이는 대만 내에서 미국의 지원에 대한 의구심을 증가시킬 수 있다.

트럼프 행정부의 대만 정책은 미·중 관계의 다양한 측면에 영향을 미칠 수 있으며, 미·중 관계의 복잡성과 긴장을 심화시키는 핵심 요인이 될 것이다. 먼저, 대만 문제를 둘러싼 미중 간 군사적 긴장 고조 가능성이다. 중국은 대만을 자국 영토의 일부로 간주하며, 대만에 대한 무력 사용 가능성을 배제하지 않고 있다. 트럼프 행정부가 대만 방위 공약을 강화하거나, 대만에 대한 군사 지원을 늘릴 경우, 중국은 이에 강하게 반발하며 대만 해협의 군사적 긴장이 고조될 수 있다. 다음으로, 대만 문제를 둘러싼 미중 간 경제적 갈등 심화 가능성이다. 트럼프 행정부는 대중국 경제 제재 및 관세 부과를 통해 중국을 압박할 가능성이 크며, 대만은 이러한 미중 경제 갈등의 영향을 받을 수 있다. 특히, 대만은 글로벌 반도체 공급망에서 매우 중요한 역할을 하고 있으며, 미중 기술 경쟁의 중심에 놓일 수 있다는 점에서 더욱 그렇다. 또한, 대만 문제는 미중 외교·안보 갈등 및 역내 안보 불안정성 심화의 주요 원인으로 작용할 수 있다. 트럼프 행정부가 대만과의 관계를 강화할 경우, 중국은 이를 '하나의 중국' 원칙에 대한 도전으로 간주하고, 미국에 대한 외교적 압박을 강화할 수 있다. 아울러 미중 갈등이 심화될 경우, 대만 해협은 잠재적 분쟁 지역으로 부상할 수 있으며, 이는 동아시아 지역 전체의 안보 불안정성을 심화시킬 수 있다.

이러한 이유로 인해 미국이 대만 문제에 대해 오랫동안 유지해온 '전략적 모호성' 정책이 트럼프 2기 행정부에서도 유지될 수 있을지는 불확실하다. 가장 중요한 이유는 실제로 중국의 군사력이 빠르게 증강됨에 따라, 대만은 미국의 방위 공약에 대한 의구심이 생기고 있으며, 미국의 '전략적 모호성' 정책이 더 이상 억지력을 발휘하지 못할 수 있다는 우려가 제기되고 있다. 대만 내부의 우려도 있다. 대만 내에서는 미국의 지원에 대한 신뢰도가 하락하고 있으며, 미국이 대만을 보호하지 않을 것이라는 주장(疑美論)이 대두되고 있다. 또한 미국 내부의 강경론도 만만치 않다. 트럼프 2기 행정부 내 강경파들은 대만에 대한 명확한 군사 지원 약속을 지지하며, 전략적 모호성 정책을 폐기해야 한다고 주장할 수 있다.

트럼프 2기 행정부의 대만 정책은 다음과 두 가지 시나리오로 전개될 가능성이 크다. 첫째, '전략적 모호성'을 유지하는 것이다. 즉, 트럼프 행정부는 대만 문제에 대한 명확한 입장 표명이 미·중 관계를 악화시킬 수 있다는 점을 고려하여, 기존의 '전략적 모호성'을 유지하는 것이다. 여기에는 트럼프의 '거래적 접근' 방식이 작동하고 있다고 볼 수 있다. 즉, 트럼프 대통령은 대만 문제를 협상 카드로 활용하면서 대만에 대한 군사적 지원을 대가로 경제적 이익을 추구하려 할 수 있는 것이다. 둘째, '전략적 모호성'을 완전히 탈피하기는 쉽지 않지만 점차적으로 '전략적 명확성'을 표명하는 방향으로 변화할 것이라는 전망이다. 여기에는 트럼프 2기 행정부의 대중국 압박 강화와 억지력 강화가 포함된다. 즉, 트럼프 행정부는 대만에 대한 명확한 군사 지원 약속을 통해 중국을 압박하고, 대만과 미국의 동맹을 강화하려 할 수 있다. 또한 트럼프 행정부는 대만에 대한 명확한 군사 지원을 통해 중국의 대만 침공 가능성을 낮추려 할 수 있다.

결국 대만 문제는 트럼프 2기 행정부 출범 이후에도 미·중 관계의 핵심 변수로 작용할 가능성이 크다. 트럼프 행정부의 대만 정책은 미·중 관계의 긴장을 고조시킬 수도 있고, 새로운 협력의 기회를 제공할 수도 있다. 대만은 이러한 불확실성에 대비하여 자체 방위력을 강화하고, 미국과의 협력을 공고히 하는 동시에, 중국과의 관계를 안정적으로 유지하려는 노력을 지속할 가능성이 크다.

Question
14. 미중 간 글로벌 안보 이슈를 둘러싼 협력과 갈등은 어떻게 전개될 것인가?

트럼프 2기 행정부 출범은 미·중 관계의 불확실성을 증폭시키며, 사이버 안보, 군비 통제, 지역 분쟁 등과 같은 글로벌 안보 문제에서도 양국 간 협력과 갈등의 병존 가능성이 크다. 트럼프 행정부의 대외정책 기조와 중국의 전략적 목표 등을 고려할 때, 미·중 관계는 더욱 복잡하고 예측 불가능한 양상으로 전개될 수 있기 때문이다.

트럼프 행정부는 그동안 '미국우선주의'를 내세우며, 기존의 국제질서와 다자 협력 체제에 대해 비판적인 입장을 견지해 왔다. 이러한 기조는 트럼프 2기 행정부가 글로벌 안보 문제에 대해 일방주의적 접근을 취할 가능성을 시사한다. 특히 트럼프 2기 행정부는 안보 문제에 있어서도 '거래적 접근'을 선호할 수 있다는 점에서, 동맹국과의 안보 협력에 대한 미국의 기여를 줄이거나, 안보 협력을 경제적 이익과 연계하려 할 수 있다. 또한 트럼프 2기 행정부는 다자간 협력보다는 양자 간 협상을 선호하며, 유엔 등 국제기구의 역할에 대해 회의적인 입장을 보일 수 있다. 이러한 이유로 인해 트럼프 2기 행정부 출범 이후, 미중 양국은 사이버안보와 군비 통제 및 지역 분쟁 등과 같은 글로벌 안보 문제에서 복잡한 상호 작용을 보일 것으로 예상된다.

먼저, 사이버 안보 분야에서는 갈등은 심화되고 협력이 제한되는 반면 기술 경쟁은 심화될 것이다. 트럼프 2기 행정부는 중국의 사이버 공격에 대해 강경하게 대응할 수 있으며, 이는 사이버 안보 분야에서 양국 간 갈등을 더욱 심화시킬 수 있다. 이러한 상황에서 사이버 범죄 및 테러 대응 등 공통의 과제에 대한 미중 협력 가능성은 낮아질 수밖에 없으며, 이는 사이버 안보 분야의 불안정성을 증가시킬 수 있다. 반면, 미국과 중국은 인공지능(AI)과 같은 신기술 분야에서 경쟁을 심화할 가능성이 높다. 미국의 AI 기술 수출 규제는 중국의 AI 발전을 억제하려는 시도로 해석될 수 있으며, 이는 양국 간 갈등을 심화시킬 수 있다.

다음으로, 군비 통제 분야에서 군비 경쟁 심화와 함께 군비 통제 협상의 가능성이 병존한다. 트럼프 2기 행정부는 핵무기 및 미사일 개발과 관련하여 중국에 대한 압박을 강화할 수 있으며, 이는 중국의 군비 증강을 가속화시키고, 미중 간 군비 경쟁을 심화시킬 수 있다. 반면, 트럼프 대통령은 군비 통제 협상을 통해 실질적인 이익을 추구할 수도 있다는 점에서, 중국과의 군비 통제 협상에 나설 가능성도 있다. 그러나 이러한 협상 과정은 매우 복잡하고 예측 불가능할 수 있다. 중국은 미국 및 러시아와 동등한 군사 강대국으로 인정받기 전까지 기존의 군비 통제 협정에 참여하는 데 신중한 태도를 유지할 것이기 때문이다. 또한 트럼프 행정부는 중국의 핵 능력 증강에 대응하여 핵 억지력을 강화하려 할 수 있으며, 이는 양국 간의 오해와 오판 가능성을 높일 수 있다.

또한, 지역 분쟁은 미·중 관계에서 가장 민감한 문제다. 대만, 남중국해, 한반도 문제는 양국의 전략적 이해가 직접적으로 충돌하는 주요 무대다. 트럼프 2기 행정부는 대만에 대한 지원을 강화하며 중국을 견제하려 할 것이고, 이는 남중국해와 대만 해협에서의 군사적 긴장을 고조시킬 가능성이 크다. 한반도 문제에서는 트럼프 2기 행정부가 북한 비핵화를 명분으로 중국과 협력을 도모할 가능성이 있으나, 트럼프 대통령 특유의 예측 불가능한 접근법은 중국과의 신뢰를 약화하고, 한반도 문제 해결을 더욱 어렵게 만들 수도 있다.

결국, 트럼프 2기 행정부 출범 이후, 미중 양국은 사이버 안보, 군비 통제, 지역 분쟁 등 다양한 글로벌 안보 문제에서 복잡한 상호 작용을 보일 것으로 예상된다. 트럼프 행정부의 일방주의적 접근과 중국의 전략적 목표는 양국 간 협력 가능성을 제한하고 갈등 가능성을 높일 수 있으나, 동시에 트럼프 대통령의 거래적 성향과 예측 불가능성은 양국 관계에 새로운 협력의 가능성도 제시할 수 있다.

참고문헌

김재관·문익준·박상남·신종호·최필수. 2022, 『미중 전략경쟁시대 한국의 대외전략 51문답』. 서울: 차이나하우스.

민정훈. 2024, "2024 미국 대통령 선거 결과 분석 및 대외정책 전망," 『IFANS 주요국제문제분석』, 2024-31, 2024.11.13.

신종호. 2024, "시진핑 3기 중국 대외정책의 지속과 변화: '중국특색 대국외교'를 중심으로," 『중국사회과학논총』, 6권 2호, pp.27-63.

신종호·도혜숙. 2024, "미중 기술패권경쟁과 대만의 전략적 대응," 『중국학』, 88권, pp.673-694.

Brown, Kerry and Shefali Shah. 2025, "US-China relations under Trump 2.0 Reset or restart?" The Policy Institute at King's College London, February 2025. https://www.kcl.ac.uk/policy-institute/assets/us-china-relations-under-trump-2.0.pdf

Chu, Calvin. 2025, "Difficult Days Ahead for Taiwan in the Trump 2.0 Era," *The Diplomat*, January 15, https://thediplomat.com/2025/01/difficult-days-ahead-for-taiwan-in-the-trump-2-0-era/.

Czin, Jonathan A. 2025, "Abetting competition, restraining Beijing: Recommendations for diplomacy toward China," *Brookings*, January 6, https://www.brookings.edu/articles/abetting-competition-restraining-beijing-recommendations-for-diplomacy-towardchina/.

DeLisle, Jacques. 2025, "Making History but Not as One Chooses: The Trump Administration and Challenges for US Taiwan Policy in an Era of Difficult Deterrence," *Taiwan Insight*, 13 January, https://taiwaninsight.org/2025/01/13/making-history-but-not-as-one-chooses-the-trump-administration-and-challenges-for-us-taiwan-policy-in-an-era-of-difficult-deterrence/.

Ho, Ming-Yen and Chiang Min-yen. 2025, "Carrots and Sticks? Taiwan and Semiconductor Supply Chains Under Trump 2.0," *The Diplomat*, January 23, https://thediplomat.com/2025/01/carrots-and-sticks-taiwan-and-semiconductor-supply-chains-under-trump-2-0/.

Matthews, William. 2025, "Trump's ambiguous stance on China raises the risk of accidental conflict in the Indo-Pacific," *Chatham House*, 16 January, https://www.chathamhouse.org/2025/01/trumps-ambiguous-stance-china-raises-risk-accidental-conflict-indo-pacific.

U.S. Department of Defense. 2024, "Military and Security Developments Involving the People's Republic of China 2024," Dec 18, https://media.defense.gov/2024/Dec/18/2003615520/-1/-1/0/MILITARY-AND-SECURITY-DEVELOPMENTS-INVOLVING-THE-PEOPLES-REPUBLIC-OF-CHINA-2024.PDF.

IV. 미국 新행정부 출범과 동아시아 질서 변화

김재관(전남대학교)

The Golden Age of America Begins Right Now.

트럼프 2.0 시대 동아시아 질서는 어떻게 변화할 것인가? 바이든 행정부 시기의 정책과 다른 변화의 측면도 있겠지만, 트럼프 1기와 바이든 시기의 동아시아 정책을 종합한 정책으로 나갈 것이다. 장기화할 수밖에 없는 미중 전략경쟁 속에서 미국 국익을 고려한다면, 큰 변화 보다는 대체로 연속성의 측면에서 동아시아 정책을 전망해 볼 수 있다. 변화의 측면에서, 동아시아 정책은 기본적으로 미국우선주의, 보호무역주의, 거래주의 외교, 역외균형, 신고립주의 외교를 통해 미국 국익을 극대화하는 방향으로 기울어질 것으로 보인다. 연속성 측면에서는, 바이든 시기에 한층 더 발전된 인도-태평양 전략이라는 큰 틀을 유지하면서 갈등 관리 차원에서 접근할 것으로 보인다. 역외 균형 전략의 측면에서는 QUAD, AUKUS, 한미일 삼각협력관계를 그대로 유지될 가능성이 크다. 우크라이나 전쟁 이후 갈등 현안으로 떠오르고 있는 동북아 지역 내 '북·중·러(북방) 對 한미일(남방)' 삼각 대립 구도 역시 강화보다는 완화하는 방향으로 접근할 공산이 크다. 하지만 동맹국에 대한 거래주의식 접근 외교는 인도-태평양 전략 추진의 중대한 장애 요소 혹은 부정적 요인으로 작용할 수 있다는 측면도 동시에 존재한다. 미·중 관계는 대체로 군사 안보 분야 갈등보다는 무역 통상 분야에 집중될 것으로 보인다. 중국 입장에서 보면, 트럼프 정부의 미국우선주의 정책에 맞서 미 동맹국 간 균열을 이용해 역내 영향력을 확대할 수 있는 기회를 활용할 것으로 보인다. 중국은 글로벌 차원에서, 우크라이나 전쟁 이후 조성된 다극화, '신냉전' 국면에서 다자주의 전략-전략적 신삼각관계인 러시아·인도·중국(RIC), BRICS, Global South 전략 등-을 확대 추진할 것이고, 동아시아 차원에서는 동남아 관계 증진(CAFTA), AIIB, RCEP, 북·중·러와 한·중·일 협력 병행 증진 전략이 중요한 외교적 사안이다. 트럼프 2.0 시대 미국우선주의 전략과 중국의 수정주의 외교 전략은 서로 격돌할 수밖에 없다.

Question
15. 미국 행정부 출범 이후 인도-태평양 지역에서 주도권 확보를 위한 미중 관계는 어떤 변화와 지속성을 띨 것인가?

국제사회의 우려 속에 트럼프 2.0 시대 미국의 신행정부가 다시 출범했다. 혼란스럽기 짝이 없었고 예측조차 불가능했던 트럼프 집권 1기 때 보다 2기 정부는 외교 정책 노선이 보다 분명해졌고 예측 가능해졌다. 그 특징으로 첫째, 우크라이나 전쟁과 중동전 종식을 제일 먼저 표방했듯이, 개입 축소(retrenchment)를 뜻하는 신고립주의(Neo-isolationism)를 한층 더 노골적으로 추진할 것 같다. 그 개입 축소는 국제사회와 완전한 단절이나 결별을 의미하는 것은 아니며 미국 역외 지역에 대한 군사적 개입 보다 주로 중상주의적 정책에 집중한다는 의미로 이해하면 될 것 같다.

둘째, 미국우선주의 (America First)로 미국의 위대한 부흥(MAGA)을 달성하여 미국의 유일한 경쟁자인 중국의 글로벌 부상과 수정주의적 체제 도전을 차단하겠다는 의지가 대중국 강경파 백악관 주요 인사에서 보듯 분명하게 드러나고 있다.

셋째, 역외균형 현실주의 외교 전략 추진을 추진할 것으로 보인다. 이 역외균형 전략은 현실주의 접근법이다. 미 공화당의 현실주의적 접근법이 오히려 동북아 지역의 긴장을 완화하면서 안정과 평화, 현상 유지에 이바지할 수 있을 것이다. 트럼프 1기 정부의 외교 전략(보수적 국제주의)을 극복하려고 했던 바이든 정부 또한 실패한 자유주의 패권 전략으로 경도되어 결국 '우크라이나 늪'에 빠져 허우적거렸고, 하마스-이스라엘 전쟁에서도 전혀 평화의 중재자로서 해야 할 역할을 하지 못했다.

넷째, 거래적 접근법(transactional approach)으로 동맹국들과의 균형 조짐도 예측해볼 수 있다. 2025년 4월말 현재 미국은 중국산 수입품에 대해 최대145%의 관세가 부과하였고, 중국도 이에 대응하여 125%의 보복관계를 부과하였다. 이와 같은 보호무역주의 정책은 역으로 미국 내 물가 상승과 인플레이션 압박이라는 부작용을 초래할 수 있다. 그러나 압박 수단으로 고관세 정책은 미국에 유리한 거래와 협상을 이끌기 전략 수단으로 작용할 가능성 크다. 동시에 미국우선주의식 거래적 접근법은 미-동맹국 간 협력을 증진시키기 보다 갈등과 불신을 조장할 수 있다는 점에서 우려 사안이다. 물론 미 동맹국 간 그 갈등의 정도는 트럼프 1기 때보다 덜 것이다.

주지하다시피 트럼프 2.0 대외정책의 최우선 사안은 미국의 유일무이한 체제 경쟁국인 중국의 도전을 막는 데 집중할 것으로 보인다. 즉 미중 전략경쟁을 한층 더 안정적 관리함으로써 장기전(long game)에서 미국에 유리하게 관리하고자 할 것이다. 역외균형 전략에 따라 미·중 관계는 갈등이 오히려 축소될 수도 있다. 주로 통상무역 전쟁을 중심으로 미중 갈등이 집중될 수도 있다. 언론에서 미중 갈등이 크게 증대될 수 있는 근거로 백악관에 입각한 주요 인물들이 대중 강경파라는 점을 들고 있다. 요컨대 대중 강경파의 주요 인물로 국무장관(마코 루비오), 국가안보보좌관(마이클 왈츠), 국방부 장관(피트 헤그세스), 외곽의 전 백악관 수석 전략가 스티브

배넌 등을 지목하고 있다. 하지만 대중 온건파인 일론 머스크가 입각했기 때문에 경제적 실용주의 입장도 만만치 않아 보인다. 강경파에 대한 조정자로서 정부효율성부 장관(DOGE)인 머스크가 미국 글로벌 대기업가 집단들을 대변하여 미국의 대중 제재 완화 및 경제 협력 딜을 주도할 수 있기 때문이다. 대중 강경파와 경제실리 중시론자들인 상무파(商務派) 참모들 사이의 갈등도 미국의 대중국정책에 주요 변수로 떠오르고 있다. 최근 미국 내 고숙련 외국인에게 발급하는 'H-1B 비자' 발급을 두고 머스크와 배넌이 충돌한 것도 눈여겨볼 대목이다.

둘째, 우크라이나 전쟁과 중동전 조기 종식을 통해 대외 개입을 축소하고 대내적으로 경제안정에 집중하면서 국제사회의 평화증진에도 기여할 것으로 전망된다.

셋째, 인도-태평양 전략을 지속적으로 추진하고자 할 것이다. QUAD, AUKUS, 한미일 삼각안보협력을 지속 강화하는 문제가 여전히 중요하다. 특히 한미일 삼각 對 북·중·러 삼각관계의 대치 국면에서 이를 어떻게 효과적으로 관리할 것인가 하는 문제 중요하다고 보인다. 우리의 입장에서 보면 특히 북러 재동맹화 추세 속 북미관계 개선이 첫 돌파구가 될 것으로 기대된다. 자유주의 가치동맹을 중시했던 바이든 정부와 달리 트럼프(2.0) 정부의 인태(인도-태평양) 지역 내 동맹국들에 대한 미국우선주의, 보호무역주의, 역외 균형식 거래주의적 접근법은 동맹 균열과 갈등 출현도 예상 가능하다. 따라서 바이든 정부 시기에 한층 더 확대 강화되어왔던 인태 전략은 약간의 균형잡기 및 완화 조짐도 예상된다. 인태 전략은 기대만큼 성과를 거두기 힘들 전망이다.

넷째, 국제사회의 혼란의 축인 권위주의 국가들(중국, 러시아, 이란, 북한 등)의 연대가 제3차 세계대전의 도화선이 될 수 있기 때문에 이 세력들을 어떻게 관리할 것인가가 중요하다. 신냉전적 진영외교는 오히려 미국의 국익에도 불리하게 작용할 수도 있기에 역외 균형 전략으로 후퇴할 것으로 보인다.

미국의 트럼프 정부에 맞서 중국은 미 동맹국들 간 균열을 이용해 역내 영향력을 확대할 수 있는 기회를 활용할 것으로 보임. 우크라이나 전쟁 이후 조성된 '신냉전' 국면에서 새로운 전략적 신삼각관계인 러시아·인도·중국(RIC), BRICS 등 Global South 전략 확대 추진이 주요할 만한 변수이고 동아시아 역내 차원에서 보면, 동남아 관계 증진(CAFTA), AIIB, RCEP, 북·중·러와 한·중·일 협력 병행 증진 전략이 중요한 외교적 사안이다. 미국의 패권 질서에 맞서기 위한 이러한 중국의 수정주의 외교 전략은 트럼프 2.0 시대 미·중·러 삼각관계에서 핵심적 갈등 요인이라 할 것이다.

Question
16. 미국 新행정부 출범 이후, 우크라이나 전쟁과 관련하여 미중러 삼각관계는 어떻게 변화할 것이며, 그 지속성은 무엇인가?

미국 신행정부 출범 이후 우크라이나 전쟁과 관련하여 미·중·러 삼각관계는 어떻게 변화할 것이며, 그 지속성은 무엇일까? 미중 전략경쟁과 우크라이나 위기 이후 전면화하고 있는 다극화 신냉전 체제의 등장과 같은 새로운 세계 질서의 변화 속에서 트럼프 2.0 시대가 도래했다. 국제적 역학관계가 다변화하고 있는 다중 위기 상황 속에서 무엇보다 미중 간 전략경쟁이 장기전으로 지속될 가능성이 농후하다. 게다가 우크라이나 전쟁이 트럼프가 공약한 대로 곧 종식될 것으로 보이지만 그럼에도 불구하고, 중러 간 밀월 관계가 준동맹에 준할 정도로 공고화 되는 상황은 미국의 입장에서 보면 주요 안보 우려 사안이 아닐 수 없다. 트럼프 2.0 시대 신행정부가 출범한 가운데 동북아 안보 환경에 가장 결정적 변수 가운데 하나인 미중 전략경쟁은 전면적 충돌보다는 복합적 상호의존성을 띠면서 경쟁과 협력이 병행하는 '장기전'으로 간다는 것은 상수이다. 이 때문에 미·중·러 전략적 신삼각관계를 감안한다면, 중국과 러시아는 서로의 필요에 의해 전략적 협력을 확대 지속할 가능성이 크다.

구조현실주의적 관점에서 우크라이나 전쟁 이후 미·중·러 삼각관계, 북·중·러 삼각관계 그리고 한미일 삼자관계가 어떻게 상호 작용하며 영향을 미칠 것인지 향후 전망까지 고려해 도식화해보면 아래와 같다.

[그림 1] 신냉전 다극화 시대 동북아 안보 환경의 변화

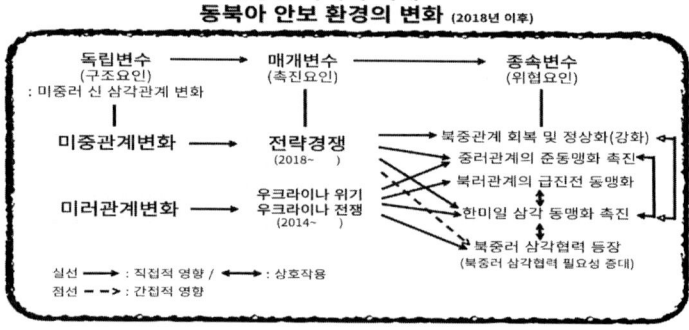

* 출처: 김재관 "북·중·러 삼각관계와 3개의 양자관계의 최근 변화와 전망," Analyses & Alternative 8-3 (2024).

먼저 구조라 할 수 있는 세력의 분포는 다극화 방향으로 미·중·러 전략적 신삼각관계의 변화로 나타나고 있다. 특히 두 개의 독립변수로서 미·중 관계의 변화와 미·러 관계의 변화를 주요 구조적 요인으로 가정해볼 수 있다. 그리고 이 독립변수는 매개변수 — 강대국의 국내정치적 요인 — 에 의해 영향을 받을 수 밖에 없다. 여기서 매개변수는 구체적으로 전략경쟁과 우크라이나 전쟁 발발인데, 이 두 요인이 동북아 위기의 촉진요인으로 작용하고 있다고 보인다. 이 두 가지 구조적 요인과 두 가지 촉진요인이 작동한 결과 종속변수로서 일련의 동북아 위협요인들을 창출한다고 볼 수 있다. 그 가운데 북중러 삼각관계의 변화는 동북아 안보에서 가장 큰 안보 현안으로 떠올랐다.

Question

17. 미국 신행정부 출범 이후, 북중러 삼각관계는 어떻게 형성될 것이며 그 전망은?

    북중러 삼각관계에 영향을 미치는 여러 가지 구조적인 변수들이 있겠지만 주요 매개 변수들도 작동하고 있다. 무엇보다 우선 우크라이나 전쟁 이후 형성된 다극화된 신냉전 신국제질서 하에서 여러 변수들 가운데 가장 근본적이고 더 구조적인 독립변수는 역시 미·중 관계의 변화이다. 이 미·중 관계는 치열한 전략경쟁을 벌이고 있기 때문에 한반도에 미칠 영향은 여전히 지대하다. 아울러 이 전략경쟁이 '장기전'(A Long Game)으로 지속될 수밖에 없는 상황에서 중러관계와 북중관계 그리고 북러관계에 어떤 변화와 지속성을 띨 것인가 역시 중요한 문제이다. 둘째, 강대국 미국이나 중국 모두 국내 정치변수들이 대외정책에 지대한 영향을 미쳐왔다. 지금 가장 큰 매개 변수로 작용하고 있는 미중 간 전략경쟁은 2024년 말 미국대선에서 트럼프가 재집권함에 따라 한층 더 치열해질 것으로 보인다. 장기간에 걸쳐 미국과 전략경쟁을 벌이고 있는 중국의 입장에서는 누가 집권하든 큰 차이가 없다. 셋째, 또 하나의 독립변수인 미·러 관계는 '대리전'(proxy war)인 우크라이나 전쟁이라는 매개변수를 통해 충돌해왔다. 이 전쟁이 어떻게 동북아 안보지형을 바꾸고 있는가 역시 중요한 매개변수이다. 바이든과 트럼프 사이의 대외정책 상 차이가 크기 때문에 미·러 관계가 우크라이나 전쟁 종식 이후 개선될 수 있는 가능성도 없지 않아 보인다. 트럼프는 집권 1기를 전후하여 중국을 견제하기 위해 미·러 관계 개선을 시도하려 했었다. 그러나 푸틴의 크림반도 병합과 미국 대선 개입 의혹 때문에 미·러 관계를 개선할 수 없었다. 이제 푸틴이 집권 2기를 시작하자마자 우크라이나 종전을 이뤄 미·러 관계가 개선된다면 한미일 對 북·중·러 이 두 개의 삼각관계에 있어 중요한 변수가 될 것이다. 특히 동북아 지역 내 주요 이해 당사국인 북·중·러·한·일 5개국에는 중요한 변수가 될 것이다. 넷째, 한미일 삼각안보협력이 전방위적으로 확장되고 있는 상황에서 한미일 對 북·중·러 삼국 사이에서 안보딜레마는 계속 심화될 수밖에 없을 것으로 보인다. 한미일이 보다 안정적인 삼각관계라고 한다면 북·중·러 삼각관계는 불안정성을 띠면서 형성 중이다. 북·중·러의 경우, 당분간은 3개의 양자(중러, 북중 및 북러) 관계를 중심으로 전개될 수밖에 없을 것이다. 북·중·러는 아직 제도화되지 못한 부실한 삼각관계이기 때문이다. 특히 중국의 경우 양자 관계를 선호하지만 내심 거부감을 드러내는 북·중·러 삼각 협력과 동시에 한·중·일 삼자 협력도 동시에 유지하려는 투-트랙의 동북아 소다자주의 협력을 펼치고 있다. 중국의 입장에서 볼 때, 북·중·러 못지않게 한·중·일 삼자 협력이 미중 전략경쟁에 대한 대응 차원에서 중요하다고 보기 때문이다. 바이든 정부는 집권 이래 한미일 對 북·중·러가 대치되는 상황을 조장해왔는데, 이에 동조하여 윤석열 정부 역시 이념 가치 편향의 한미일 일변도 외교를 계속 강화해왔다. 이런 진영화 추세는 트럼프 집권 2기에 어느 정도로 변화와 지속성을 띨 것인가? 다섯째, 무엇보다 작금의 우크라이나 전쟁 이후

2024년에 6월 북러 관계가 동맹을 복원하여 급속히 강화되고 있는 상황에서 한·중·일 삼자 협력, 한러관계 및 한중관계는 복원될 수 있을 것인가? 이상의 여러 가지 구조적 독립변수와 연관된 상황적인 매개 변수들이 복합적으로 상호작용하고 있기 때문에 쉽게 예단할 수 없다. 하지만 트럼프 재집권에 따른 외교 정책의 변화는 분명 미·중·러 삼각, 한미일 삼각, 북·중·러 삼각관계 모두에 심대한 영향을 미칠 것임은 자명해 보인다.

Question

18. 미국 신행정부 출범 이후 한미일 對 북중러 삼각관계의 부활 가능성은 무엇이며, 이 관계가 동아시아 안보에 미칠 영향은 무엇인가?

북·중·러 삼각관계는 냉전 시기만 해도 중소분열로 말미암아 삼각 협력은 제대로 발휘될 수 없는 악순환을 겪었다. 그런데 10여 년 전과 비교했을 때 최근 북·중·러 삼각관계 내 3개의 양자관계 즉 중러, 북중, 북러 관계 성격이 질적으로 큰 변화를 이루어 북방 삼각 대 남방삼각의 대립의 가능성이 상당히 커지고 있다. 10여 년 전만 하더라도 전반적으로 3개의 양자관계의 측면에서 볼 때, 중러관계가 신형대국관계에서 가장 강력한 전략적 협력 동반자관계라면, 북·중 관계는 주변국 관계에서 준동맹에 가까운 순망치한(脣亡齒寒)적 가장 긴밀한 관계였고, 반면 북러 관계는 전통적 우호 협력 관계이기는 하나 가장 취약한 관계였다. 그리하여 3개의 양자관계는 비대칭·불균형·불안정한 관계였다. 그러나 2018년 미중전략경쟁 개시와 2022년 우크라이나전쟁 발발 이후 중러관계와 북·중 관계 그리고 북러관계가 전방위적 차원에서 동맹 수준으로 복원되었다. 중러관계는 우크라이나 위기와 전쟁에도 불구하고 변함없이 가장 안정적인 대국 관계를 유지해왔다면, 북·중 관계는 2018년 미중 전략경쟁 개시와 더불어 경색되었던 관계를 급격히 개선하였다. 그리고 우크라이나전쟁은 가장 취약한 관계였던 북러관계를 전면적 동맹 수준으로 격상시키는 계기가 되었다. 요컨대 3개의 양자관계는 10여 년 전 비대칭적 불균형관계에서 가장 안정적인 균형 상태로 전환되었다. 따라서 10년 사이에 3개의 양자관계는 '부등변삼각관계'에서 '정삼각관계'로 전환하고 있고, 이러한 전환 과정의 결과 북방삼각 대 남방삼각의 대치 가능성이 훨씬 커지고 있다고 판단된다.

[그림 2] 북·중·러 삼각관계의 3단계 변화

< 북중러 삼각관계의 3단계 변화 >

시기	2010년대	2020년대 (2022)	2025년
특징	비대칭·불균형 불안정 삼각관계(부등변삼각)	대칭·균형 안정적 삼각관계(정삼각)	북방삼각 vs 남방삼각 대치가능성 제고
구조의 변화 (관계모형)	중 러 북	(독립변수) 미중전략 경쟁 (2018) 우크라이나 위기(2014) +전쟁(2022) → (종속변수) 중 러 북	북중러 ↕ 한미일
구분	삼각형의 선길이 (우호협력에 비례)	(변화의 방향) → ········→ (추세 및 가능성 표현)	↔ (대립)

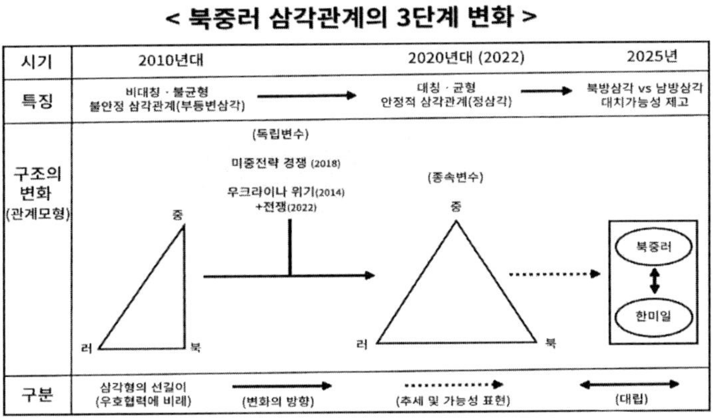

출처: 김재관 작성

그리하여 3개의 양자관계의 역동성과 안정성이 증가함에 따라 북·중·러 삼각 협력의 가능성이 그 어느 때보다 높아져 점점 남방삼각 대 북방삼각의 대치 가능성이 커지고 있다. 우크라이나전쟁 발발 이후 세 개의 양자관계 변화에서 가장 큰 이익을 누리면서 전략적 자율성을 누리고 있는 국가는 다름 아닌 북한이다. 중국이나 러시아와 달리 수세적이었던 북한이 냉전 시대에도 두 강대국을 대상으로 '비대칭적 동맹'을 유지하면서 자주외교를 펼쳐왔다. 또한 북한은 탈냉전기는 물론이고 우크라이나전쟁 이후 형성된 '신냉전'이라는 '기회의 창'을 이용하여 비대칭적인 약자임에도 불구하고 냉전 시기보다 더욱 적극적으로 중국과 러시아를 대상으로 '전략적 자율성'을 발휘할 수 있는 가능성이 전례 없이 높아졌다고 할 수 있다. 이러한 북방 대 남방 삼각 대치 국면에서 핵보유국 북한의 전략적 가치는 크게 격상되었고, 북한은 이 점을 이용하여 중국과 러시아를 대상으로 전략적 자율성을 효과적으로 발휘하고 있다. 그리하여 중국과 러시아는 변화된 동북아 안보 환경 하에서 과거 한반도 비핵화 전략에서 후퇴하여 북한을 핵보유국으로 새롭게 바라보고 있다. 따라서 한반도 비핵화 전략은 이제 거의 실현 불가능한 목표가 되어버린 것 같다.

Question

19. 북방 삼각관계에 대비한 한국의 안보과제와 전략적 선택은 무엇인가?

북방 삼각관계 대비 한국 안보의 과제와 전략적 선택은 무엇일까? 무엇보다 우선, 한미일과 한·중·일 삼자 협력을 병행함으로써 남방삼각 대 북방삼각 대립 구도를 완화해야 할 것이다. 중국이나 러시아에서 한미일 삼각 협력이 특정 국가인 중국이나 러시아를 직접 겨냥한 삼각동맹이 아님을 설득하고 단기적으로 한중관계를, 중장기적으로 한러관계를 복원 정상화해야 할 것이다. 북러 간 신조약 체결로 단기적으로 한러관계는 당장 개선되기는 힘들 것이나, 중장기적으로는 한반도 안정과 평화 나아가 동북아의 공동번영을 위해 관계 개선을 준비하고 관계 복원을 시켜야 할 것이다.

둘째, 비록 북한이 핵무장 국가로서 핵무력 정책과 남한을 향해 적대적 두 국가 관계론을 공식화했지만, 여전히 한반도 비핵화를 재개하기 위한 노력이 필요하다. 미·중·러 삼국 역시 북한이 핵보유국임을 기정사실로 하는 가운데 북한에 대한 핵동결 및 핵군축 협상 방향으로 대북 외교 정책을 설정하고 있는 것으로 보인다. 2024년 7월과 8월 차기 미국 공화당과 민주당 신강령에서 확인할 수 있듯이, 북한 핵 도발 관련 문제에서 나타난 두드러진 특징은 두 당 모두 북한 비핵화를 당 강령에 담고 있지 않은 점이다. 북한을 실질적인 핵보유국으로 인정하고, 북미 협상은 핵군축, 핵동결 협상으로 기울어질 가능성이 커졌다. 이에 따라 한국 내 진보·보수 정권을 막론하고 주장해온 CVID 식 북한 비핵화는 이미 물 건너갔다고 생각할 수 있다. 이 때문에 한국 내 자체 핵보유론자의 입지가 더 커질 수 있다. 그러나 이런 상황에서도 한반도 비핵화 노력은 멈추어서는 안 될 것이다. 더욱이 북의 핵무력 정책을 빌미로 우리도 자체 핵무장론으로 갈 것은 아니라고 본다. 민족공동체의 생존을 위해 남과 북이 핵을 안고 이고 살 수는 없다.

 참고문헌

김연철(2023). 김정은 집권기 북중러 삼각관계: 세 개의 양자관계의 역동성. 한국과 국제정치. 제39권 제4호.

김재관(2024). "북중러 삼각관계와 3개의 양자관계의 최근 변화와 전망," Analyses & Alternative 8-3.

박정호·강부균·현승수·제성훈(2022). 미·중러 전략경쟁 시기 러시아의 대중국 관계 발전과 정책시사점. 서울: 대외경제정책연구원.

이삼성(2023). 동아시아 대분단체제론. 서울: 한울출판사.

제성훈·박정호·박상남·김재관·공민석·조형진·윤성욱·현승수(2023). 러시아-우크라이나전쟁과 세계질서의 변화(공저). 코리아컨센서스연구원.

신상진(2020). 미·중 전면적 전략경쟁시대 중국의 대북정책과 북·중관계: 미·중 관계와 북중관계의 연관성. 국방연구. 12월 제63권 제4호.

이남주(2024). 동북아 신냉전과 한중일 정상회담, 성균 차이나 브리프. 07. 01. Vol. 72.

이동규·김지연(2023). 북러 군사밀착과 중국: 북중러 3각 연대로 나아가는가? 이슈브리프. 2023-29호. 아산정책연구원. 12.20.

장덕준(2024). 우크라이나전쟁과 북중러 관계. 외교. 제 148호 (2024.1).

이혜진, "'머스크, 취임식 전 쫓아낼 것' 공언한 트럼프 책사... 내홍 격화," <조선일보> 2025.01.14.

Doshi, Rush. (2021). The Long Game. Oxford Univ Press.

Drezner, Daniel W. (2024). "The End of American Exceptionalism," - Trump's Reelection Will Redefine U.S. Power. Foreign Affairs, November 12,

Economy, Elizabeth. (2024). "China's Alternative Order: And What America Should Learn from It," Foreign Affairs 103, no. 3 (May/June), pp.8-24.

Fleitz, Fred ; Keith Kellogg, Michael Waltz, Chad Wolf, Rick Perry, Robert Lighthizer, Robert Wilkie, Morgan Ortagus, Ellie Cohanim, Sam Faddis. (2024). An America First Approach to U.S. National Security . America First Press. Kindle Edition.

Kim, Jae-kwan. (2023). "An Inquiry into Dynamics of Global Power Politics in the changing world order after the war in Ukraine," Analyses & Alternatives 2023-7(3): pp. 7-32.

Mastro, Oriana Skylar. (2024). "The Next Tripartite Pact? China, Russia, and North Korea's New Team Is Not Built to Last" February 19, 2024, https://www.foreignaffairs.com/china/next-tripartite-pact; (검색일: 2024.07.15.).

Patricia Kim, M. (2023). "The Limits of the No-Limits

Partnership: China and Russia Can't Be Split, but They Can Be Thwarted," Foreign Affairs 102, no. 2 (March/April), pp.94−105.

Republican Party. (2024). "2024 GOP PLATFORM , MAKE AMERICA GREAT AGAIN!" July 08, (검색일:2024.08.20.)

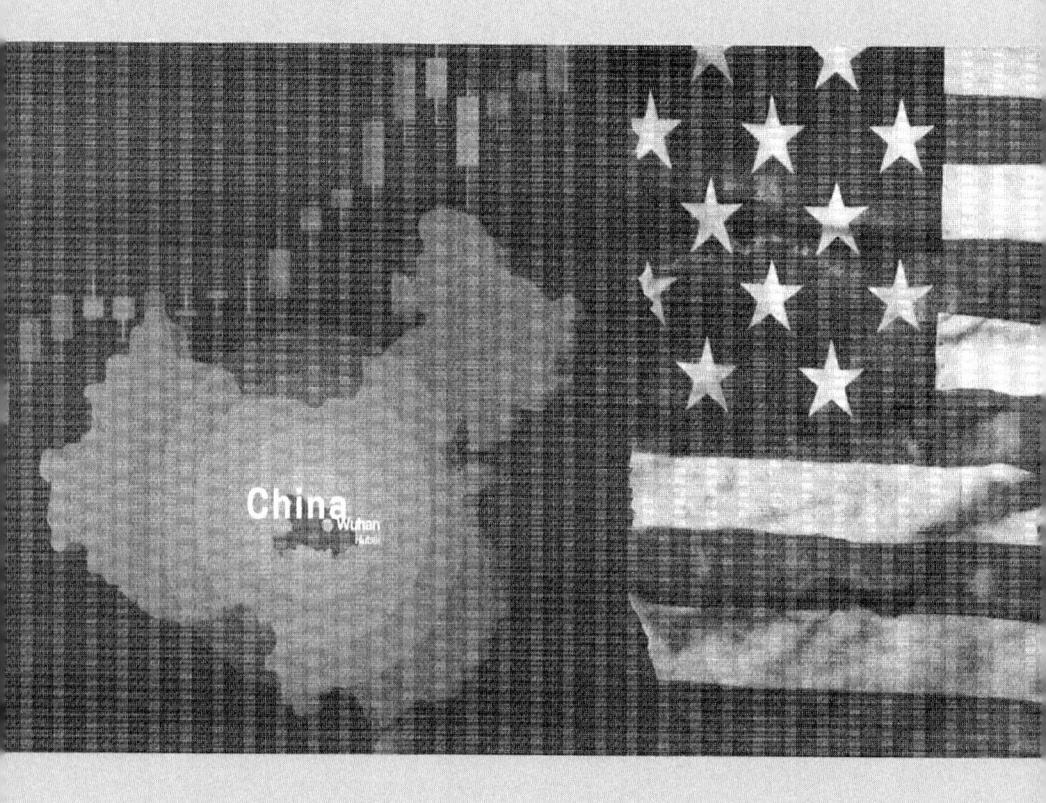

V. 트럼프 2기 행정부 출범과 대만문제

문익준(국민대학교)

대만 문제는 1979년 미국과 중국의 국교 수립 때에 가장 큰 걸림돌 중의 하나였다. 그럼에도 불구하고 미국과 중국은 '하나의 중국' 원칙과 미국-대만 비관방교류 인정 등에 합의하면서 국교를 수립하였다. 이후 각자 하나의 중국 원칙과 전략적 모호성으로 서로의 입장을 견지해 왔다. 그러나, 중국의 부상과 이에 대한 미국의 견제로 시작된 미중경쟁전략으로 인해서, 대만 문제는 다시 수면 위로 부상하면서 화제가 되고 있다. 2022년 러시아-우크라이나 전쟁 이후 중국의 대만 무력 침공 가능성에 대한 우려가 커졌고, 미국이 중국을 제외한 글로벌 반도체 공급망의 재편 등을 주도하고 있다. 이러한 국제질서의 커다란 변화 속에서 트럼프 2기 행정부 이후의 대만 문제를 예측해보자.

Question
20. 트럼프 2기 행정부 하에서 중국은 대만에 대한 무력 침공을 감행할 것인가?

중국에 있어 대만은 지정학, 정치적, 경제적인 입장에서 매우 중요하다. 먼저 대만의 지리적 위치로 인한 지정학적 함의는 중국과 미국 모두에게 매우 크다. 중국 입장에서 동중국해와 남중국해를 연결하는 위치에 있어서 태평양으로 뻗어 나갈 수 있는 전략적 요충지이다. 미국 입장에서도 중국의 태평양 진출을 막을 수 있는 저지선이자 방어선이며, 거대한 항공모함 역할을 수행할 수 있다.

정치적인 입장에서 보면, 대만은 '하나의 중국' 원칙에 의해서 중국의 일부분이며 자국 영토로 간주하고 있다. UN이나 다른 국가와 외교관계를 수립할 때에 상대국에게 이를 인정받았다. 1992년 한중수교 당시에 체결된 공동성명 제3항에서도 '대한민국 정부는 중화인민공화국 정부를 중국의 유일한 합법 정부로 승인하며, 오직 하나의 중국만이 있고 대만은 중국의 일부분이라는 중국의 입장을 존중한다'라고 밝히고 있다. 따라서 중국의 입장에서 보면 대만은 자국의 일부분이며, 일국양제의 원칙에 따라 하나의 국가와 두 가지 체제가 양립하고 있을 뿐이다.

일국양제의 기본 원칙에 따라 홍콩은 1997년에, 마카오는 1999년에 반환되었다. 마지막 남은 대만을 완전히 수복하는 전략은 과거 중국이 청나라 시절에 아편전쟁으로 시작된 서양 제국주의의 침략을 마무리하는 역사적인 의미가 있기도 하다.

　2022년에는 시진핑 정부는 '대만 문제와 새 시대 중국의 재통일' 이라는 역사상 세 번째 대만 백서를 발표하면서 대만 문제 해결을 중화민족 부흥의 핵심과제로 명시하였다. 대만에 대한 역사적, 법적 근거를 차례대로 제시하고, 1971년 UN 총회 결의안 2,758호, 1978년 중미 외교관계, 2005년 반분열국가법, 2015년 국가보안법을 근거로 중국의 완전한 재통일 실현을 위한 결연한 노력을 제시하였다. 중국 재통일은 멈출 수 없는 과정임을 강조하면서 대만 침공의 가능성이 높아졌다.

　이에 미국 언론에서 중국의 대만 침공설을 꾸준히 제기되었다. 2023년 10월에 번스 미 CIA 국장이 시진핑 주석이 2027년까지 대만을 공격할 준비를 끝내라는 지시를 군에 내렸다고 밝혔다. 이에 대한 대만의 쑤치 타이베이 포럼기금회 이사장도 5~10년 사이에 중국이 대만을 침공할 것이라고 주장하였다.

　미국의 전략국제문제연구소(CSIS)에 의하면, 대만에서 위기가 발생하면 경제손실이 세계 전체 GDP의 10.2%에 해당하는 10조 달러가 될 것으로 예상했다. 세계무역의 5분의 1이 오가는 대만 해협에 문제가 생기면, 한국, 일본, 호주, 브릭스(BRICs) 국가들이 타격을 받고 세계 경제는 파국으로 몰고 갈 대재앙으로 분석하였다. 무역뿐만 아니라 반도체 공급망에도 큰 위기가 발생할 것으로 예상된다. 대만이 세계 시스템 반도체의 37%를 공급하고 첨단 시스템 반도체로 범위를 요약하면 점유율이 92%까지 상승하게 된다. 이 중에서 가장 큰 피해를 입을 국가는 한국과 일본으로 예상하였다.

한국은 수출의 30.33%, 수입의 22.6%가 대만 해협을 지나가면서 피해액이 총 3,574억 달러에 이른다고 분석하였고, 일본은 수출의 32.08%, 수입의 25.3%가 대만 해협을 거치면서 피해액이 총 4,439억 달러에 이른다고 분석하였다.

중국의 전략을 면밀히 분석해 보면, 실제 침공보다는 강압에 중점을 두고 있으며, 당사국들이 중국의 의도에 저항하지 못하도록 하는 것이 목적이다. 즉 강압이란 특정 행동을 하도록 압박하는 전략으로, 상대방이 저항할 경우 비용이 크다고 판단되어 행동을 변화하는 것을 뜻한다. 관련국들에게 중국과의 군사적 충돌이라는 심각한 위험을 부과함으로써, 상상 속의 전쟁을 통해서 받을 피해와 비용을 인식하게 만드는 전략이다. 결국 대만에 대한 미국이나 아시아 국가들의 이탈을 이끌어 내는 것이 목적이다. 그러나 이러한 모든 옵션이 소진했을 때는 최후의 방법으로 중국이 무력을 사용하는 가능성이나 뜻하지 않은 우발적 충돌의 위험성은 여전히 남아 있다.

그럼에도 불구하고 종합적으로 중국의 대만 침공 가능성은 매우 낮다고 결론지을 수 있다. 그러나 항상 예외 사항이나 돌발상황들이 존재한다. 만약 대만이 독립을 공식으로 선포할 경우에는 중국은 바로 침공을 준비할 것이다. 이러한 예외적인 사항들을 제외하고선, 대만 문제는 단순히 미국과 중국과의 문제가 아니라 국제적 패권 경쟁의 핵심 요소로 간주해야 한다.

Question
21. 대만 위기 발생 시, 미국의 대응 방안은 무엇인가?

미국 군사 전략의 핵심은 동맹국과 우방국을 끌어들여서 견고한 반중 연합세력을 구축하고 이를 통해 전쟁을 억제 및 제한하려고 한다. 인도·태평양 지역에 강력한 동맹 네트워크를 구축하여 가능한 여러 국가를 포섭하는 것이 목적이다. 가장 중요한 핵심은 일본이며, 중국에 이은 제2위의 동아시아 대국으로 중국 견제라는 전략적 목표를 공유하고 있다. 호주도 중요한 동맹국으로 중국과 지리적으로 떨어져 있어 방어에 상대적으로 유리하는 장점이 있다. 실제로 대만에서 위기가 발생한다면, 미국은 즉각적으로 대응에 나설 것이며, 일본, 호주 등의 동맹국도 같이 동참할 것이다. 미국 CSIS에서 발표한 워게임 시나리오를 통해서 자세히 살펴보자.

2021년 1월 미국 CSIS에서는 2026년 중국이 대만을 침공하는 상황들을 가정하여 24개의 시나리오를 적용한 결과를 발표하였다. 기본적으로 3개의 기본 시나리오와 대안적 가정이 적용된 21개 시나리오 등의 24번 게임을 반복 실행하였다. 기본 시나리오는 중국의 침공과 함께 자동적으로 미국이 참전하는 것으로 설계되었다. 일본은 자위대의 참전과 작전까지 모두 허용되었다. 필리핀은 중립을 유지하며 다른 동맹국이나 우방국의 경우에는 호주만 참전하는 것으로 가정하였다.

워게임 실행은 기본, 비관적, 낙관적, 대만 고립, 매우 비관적인 시나리오의 다섯 가지 그룹으로 범주화되었다. 전반적으로 2026년에 중국이 대만 침공에 나설 가능성은 낮은 것으로 결과가 도출되었다. 5가지 시나리오들을 요약하자면 다음과 같다. 첫 번째 기본 시나리오에서는 3회 실시되었는데, 2회는 중국의 실패, 1회는 중국에 불리한 추세에 있는 교착상태로 판정되었다. 두 번째 비관적 시나리오는 19회 실시되었는데, 4회는 중국의 실패, 3회는 중국에게 유리한 교착, 7회는 교착, 4회는 불확실한 교착으로 판정되었다. 미국 증원군의 지연이나 감소가 매우 중요한 요소로 나타났다.

세 번째 낙관적 시나리오는 2회 실시되었는데 모두 결정적인 중국의 패배로 나타났다. 주목할 만한 4번째인 대만 고립 시나리오는 대만이 고립되어서 홀로 전쟁을 수행하는 시나리오이다. 대만 고립 시나리오는 미국의 물질적인 지원 없이 어떻게 생존할 수 있는지를 탐구하기 위해서 설계되었고, 단 한 번만 실시하였다. 두 가지 가정을 전제 조건으로 설정하였으며, 첫 번째 가정은 고립으로 인해서 대만이 3개월 후 탄약에 완전히 고갈될 것으로 보았다. 두 번째 가정은 미국과 일본의 개입을 대비하기 위해서 중국이 14개 비행대대를 보류하고 예비대대로 편성하였다. 결과는 중국군의 승리로 귀결되었다. 즉 제3국의 개입 없이는 중국의 침공이 발생할 경우에는 10주 만에 타이베이가 점령당해서 대만 정부는 항복할 것으로 예측되었다. 5번째인 매우 비관적인 시나리오는 중국군의 승리로 판정되었다.

종합적으로 판단하자면 미국, 일본의 도움이 없이 대만 자체적으로 방어가 거의 불가능함을 보여주고 있다. 대만은 미국과 일본의 개입으로 인해서 상대적으로 비관적인 가정 속에서도 성공적으로 방어할 수 있음을 나타내고 있다. 그러나 여러 시나리오가 존재하는 만큼 자만할 여유는 없음을 강조하고 있다. 또한 실제로 전쟁이 발생한다면 시나리오대로 흘러간다는 보장이 없으며, 최악의 경우 핵확전의 위험성까지도 고려해야 한다.

트럼프 행정부는 대만 방어에 회의적인 견해를 자주 내비쳤다. 트럼프 대통령은 언론과의 인터뷰에서 '대만은 미국에서 9,500마일 떨어져 있다'라고 말하면서 사실상 대만을 왜 방어해야 하는지를 반문을 하였다. 대만의 방어비 증액을 요구하면서 미국의 실질적인 이익을 챙기고 중국과의 협상에서 대만 문제를 거래 이슈로 활용할 가능성이 크다. 이에 오히려 실제로 전쟁으로 확대될 가능성은 이전보다 낮아졌다고 분석할 수 있다.

Question
22. 미국은 '하나의 중국' 원칙에 대한 전략적 모호성을 계속 유지할 것인가?

　미국은 1978년 12월 중국과의 국교 수립 이전에는 '하나의 중국' 원칙을 수용하지 않았다가 국교와 동시에 인정하였다. 미국은 1955년 12월 2일에 대만과 미중상호방위조약(Sino-American Mutual Defense Treaty)를 체결했다가 중국과의 국교 수립인 1979년 12월 31일에 최종적으로 폐기하였다. 1954년 양안 1차 위기 이후 상호방위조약의 필요성이 제기되었고, 한때는 30,000명의 미군이 대만에 주둔하였으나, 전부 철수하였다.

　그러나 미국은 여전히 전략적 모호성을 유지하면서 1979년 1월 1일에 대만관계법(Taiwan Relation Act)을 통과시켰다. 이 법안은 '대만 국민의 안전이나 사회, 경제체제를 위협하는 어떤 수단이나 강압에 대해 미국이 저항할 능력을 유지한다'라는 조항을 포함하고 대만에 방어용 무기를 제공하고 있다. 이를 근거로 하여 현재까지 미국은 사실상 대만에게 계속 군사 무기를 판매하고 있으며 중국은 이에 대해서 반발하고 있다.

　미국의 이러한 전략을 '전략적 모호성(Strategic ambiguity)'이라고 하며, 대만을 공식적으로 국가로 인정하지 않고 있지만 비공식적으로 사실상 국가로 취급하는 애매한 정책을 유지하고 있다. 이러한 전략은 최근 들어서 대만여행법(2018년), 대만동맹국제보호

강화법(2019년), 대만보증법(2019년), 대만 정책 법(2022년) 등의 여러 가지 법안을 통해서 더욱 확대되고 있다.

대만여행법(Taiwan Travel Act)은 2018년 2월 28일부터 시행된 법안으로 미국과 중화민국 고위 관료들의 상호 방문, 교류를 촉진하는 법안이다. 대만동맹국제보호강화법(Taiwan Allies International Protection and Enhancement Initiative Act·TAIPEI Act)은 2019년에 제정된 법안으로 대만과 대사급 외교관계를 맺고 있는 14개국과 앞으로 대만과 대사급 외교관계를 맺을 국가에 대해서는 미국 정부가 경제를 지원하고 안보를 보장한다는 내용을 포함하고 있다. 또한 대만과 단교하고 중국과 수교하는 나라들에 대해서는 경제 원조를 중단하고 무역이나 경제 분야에서 불이익을 주며, 외교관계를 격하한다는 내용도 있다.

대만보증법(Taiwan Assurance Act)은 2019년에 제정된 법안으로, 미국은 대만에 대한 무기 수출을 상시화한다는 내용을 포함하고 있다. 이 밖에도 대만을 미국의 아시아 태평양 중요 동맹국으로 명시하고 있다. 미국은 대만이 비대칭 전력을 구축하는 데 지원을 아끼지 않는다는 내용을 포함하고 있다. 대만정책법(Taiwan Policy Act)은 2022년에 제정된 법안으로 ① 대만 민주주의 지원을 위한 미국 정부의 관행 및 절차를 개정하고, ② 대만의 국제기구 및 다자 무역협정 가입을 추가적으로 지원하며, ③ 중국의 강압적 행위에 대응하고, ④ 대만우호법안(Taiwan Fellowship Act)를 수립하며, 대중 제재 방안 등을 명문화할 것을 정하고 있다.

따라서 트럼프 2기 행정부에서는 여전히 '전략적 모호성' 전략을 유지할 것이다. 트럼프 대통령은 이전에도 대만에 대한 군사 지원의 높은 비용과 대만의 안보 목표에 대한 기여도에 의문을 제기한 적이 있었다. 다만 트럼프 2기 행정부에서는 과거 대만에 대한 지지가 불확실하며 대만을 중국과의 협상에서 카드로 사용할 가능성이 크다.

Question

23. 양안 관계(중국-대만)의 경제적 협력은 계속 유지될 수 있을 것인가?

　　중국과 대만의 경제협력은 1987년 대만이 중국의 친척방문을 허용하면서 시작되었다. 1990년 대만의 해협교류기금회가, 1991년 중국의 해협양안관계협회가 설립되고, 반민·반관 단체인 두 기관이 1992년 '92 공식(共識)'에 합의하면서 경제교류가 확대되었다. 2010년 6월에는 중국-대만 ECFA(Economic Cooperation Framework Agreement)가 체결되면서 양안 간 경제적 협력은 제도적인 틀을 갖추게 되었다. 그러나 2014년 ECFA 해협양안서비스무역협정이 해바라기 운동에 의해서 불발되면서 잠정적으로 중단된 상태이다. 그럼에도 불구하고 양안 간 경제교류와 협력을 꾸준히 발전해 왔다. 정치적 리스크와 이슈에도 불구하고 양안 간 경제협력이 발전할 수 있었던 이유는 정경분리(政經分離), 선경후정(先經後正) 등의 원칙에서 진행해 왔기 때문이다. 즉 정치적인 이슈와 경제적인 이슈를 분리하여 정치적인 영향을 최소한으로 하고, 먼저 경제적인 협력을 우선시했기 때문이다.

　　대만 경제에서 중국 본토가 차지하는 비중은 꾸준히 증가하면서 대만의 대중국 경제의존도는 크게 상승하였다. 2000년 대만의 최대 수출국은 미국이었으나 2015년에는 중국으로 바뀌었다. 그러나, 이러한 높은 경제의존도는 미중 전략경쟁, 러시아-우크라이나 전쟁 등으로 인해서 심각한 리스크로 대두되기 시작하였다. 또한 중국 제조업이 고도화되면서 대만 경제에 위협으로 다가가기 시작하였다.

이에 대만은 공급망 및 수출입 다변화, 반도체 등 핵심 산업에 대한 경쟁력 강화, 우방국과의 경제협력 강화 등을 추진하고 있다. 먼저 공급망 및 수출입 다변화를 위해서 2016년 '신남향정책추진계획'을 발표하였다. 아세안과 남아시아, 대양주 지역과의 경제, 인적 교류, 민생, 국제무대에서의 협력을 강화하고, 이들 지역을 새로운 생산기지로 활용하여 산업밸류체인을 강화하려는 계획이다. 이러한 계획은 미국의 정책에도 영향을 받아서 실제로 대만 기업들이 중국 본토에서 이탈하여 동남아 지역에 투자를 확대하고 있다.

반도체 등의 핵심 산업에 대한 경쟁력을 강화하는 데에 더욱 노력하고 있다. 미중 전략경쟁 속에서 높아진 전략적 가치를 경험하면서 대만의 생존 문제와 직결시켰기 때문이다. 시스템 반도체 분야에서 TSMC와 같은 기업이 선도적인 역할을 하면서 기술력에서 이미 한국기업을 따라잡은 것으로 평가받고 있다. 무엇보다 반도체 생태계를 풍부하게 구축하여, 후공정인 패키징 및 테스트에서는 세계 최고의 기술을 보유하고 있다.

그러나 이러한 대만의 정책에도 불구하고 중국과의 경제적 협력은 계속 유지될 전망이다. 첫째, 무엇보다 양안 경제협력은 아직까지 쌍방 모두에게 경제적 이익을 제공해 주기 때문이다. 일방적인 지원-수혜의 관계라면 쉽게 중단될 수 있지만, 쌍방 모두에게 이익이 되는 협력이라면 지속성이 계속 유지될 것이다. 둘째, 양안 경제협력은 초기부터 정경분리(政經分離) 원칙에 의해서 민간과 정부를 분리하여 추진되었다. 양안 대립 관계가 첨예되었던 과거 천쉐이비엔 총통 시절에도 오히려 경제적 협력은 증대되었다. 이는 중화권에서 많이 언급되는 '구동존이(求同存異)'의 개념으로 '서로 같은 것은 추구하고 다른 것은 보류하자'라는 뜻이다. 경제적으로 이익이 된다면 정치적인 갈등은 뒤로 두고 이익을 같이 추구하는 개념으로, 정치적 갈등과는 별개로 양안 간 경제적 교류가 지속되었던 이유 중의 하나이다. 이는 아직도 최대 40만 명에 달하는 '타이상(대만상인)'이 대륙이 거주하는 있는 사실을 보더라도 잘 알 수 있다. 따라서 양안 간 경제적 협력은 계속 지속되나, 중국이나 대만 모두 서로의 의존도를 줄이는 다각화 노력에 집중할 것이다.

Question
24. 미국이 주도하는 반도체 공급망 재편은 성공할 수 있을 것인가?

사실 반도체 공급망은 세계에서 가장 복잡하게 얽혀 있으면서, 고도로 전문화, 국제화되어있다. 반도체 산업은 칩리스(Chipless), 설계전문(Fabless), 수탁전문(Foundry), 패키징 및 검사(ATP), 납품(Delivery) 등으로 국제적으로 분업화되어 있다. 기술개발이 강한 미국과 유럽을 중심으로, 일본, 한국, 대만, 중국, 말레이시아, 베트남 등에 글로벌 가치사슬이 복잡하게 얽혀 있으면서 최고의 생산효율성을 추구하였다. 미국의 트럼프 2.0 행정부는 국제적으로 자연스럽게 형성된 반도체 공급망을 미국 중심으로 재편하려고 한다. 재편의 핵심은 지정학적 리스크가 큰 대만과의 협력을 대체할 수 있는 지와 반도체 공급망에서 중국을 완전히 배제할 수 있는 지의 문제이다.

반도체는 모든 전자 기기의 핵심 부품으로 컴퓨터, 스마트폰, 자동차, 통신 인프라, 항공기, 군수산업 등의 다양한 산업에 필수적인 요소이다. 반도체 공급망에서 미국과 대만의 협력은 초기부터 긴밀하였다. 대만의 반도체 산업은 1976년 RCA(Radio Corporation of America)가 대만의 공업기술연구원(ITRI)에 칩 제조기술을 이전하면서 시작되었다. 이를 기반으로 TSMC와 UMC(United Microelecronic Corporation)과 같은 칩 제조회사들이 설립되었다. 대만은 신주과학단지와 같은 산업 클러스터를 통해서 성장하였으며, 글로벌 반도체 혁신의 중심지로 성장하였다. 현재 대만의 반도체 산업은 미국의 첨단 기업과 긴밀하게 연결되어 있다. 예를 들어, TSMC는 애플, 엔비디아와 같은 미국의 첨단 IT 기업들과 협력하고 있으며, 이외에도 UMC, NTC, WEC, 매크로닉스와 같은 기업들도 자동차 및 통신기업들과 협력하고 있다.

따라서 대만은 글로벌 공급망에서 현재 독보적인 역할을 하면서 미국의 주요한 파트너이다. 미국은 CHIPS 법안을 통해서 TSMC 및 삼성 등의 미국 내 공장 설립을 장려하고 있으며, 이를 통해서 자국 내 반도체 제조 역량을 강화하려고 한다. 대만은 여전히 숙련된 인력, 인프라, 자본 장치 측면에서 대체 불가능한 역할을 하고 있어서 미국이 대만의 의존도를 줄이는 것은 현실적으로 매우 어려운 상황이다. 그러나 대만이 미국의 첨단기술에 첨단적인 파트너임에도 불구하고 지정학적 긴장 속에서 여전히 높은 리스크를 내포하고 있다. 따라서 미국은 대만과의 협력을 유지하면서 글로벌 파트너들과 협력해서 공급망 다변화를 도모하는 방식을 통해서 글로벌 반도체 공급망을 재편할 것이다.

현재 미국 전략은 반도체 핵심기술에 대한 통제를 강화하면서 중국 반도체 산업이 신기술에 접근하지 못하도록 하는 데에 중점을 주고 있다. 중국은 반도체 소비시장의 역할을 하고 있을 뿐, 아직 제조와 관련된 핵심기술들은 미국을 비롯한 선진국들이 가지고 있다. 중국은 글로벌 반도체 매출 점유율의 5%만을 차지할 뿐, 글로벌 반도체 공급망에서는 제한된 역할을 담당하고 있다. 중국의 대표적인 반도체 기업인 하이실리콘(Hisilicon)과 SMIC도 아직까지는 영향력이 크지 않다. 따라서 중국을 제외한 반도체 공급망은 가능할 것으로 예상된다.

그러나 경제 안보의 이유로 미국 내에 생산 기반을 확보하는 전략은 동맹국의 협조와 많은 시간이 필요하다. 또한 특정 기술이나 생산비용에 특화된 많은 국가들이 구축한 높은 수준의 분업체계를 단기간에 변화하는 일은 매우 어렵다. 따라서 단기간에 걸친 반도체 공급망 변화는 어려울 것이나 트럼프 2기 행정부가 추구하는 반도체 공급망 재편 전략은 장기적이며 많은 어려움과 난관이 있을 것으로 예상된다. 마지막으로 중국이 기술 자립을 통해서 자체적인 반도체 공급망을 형성할 가능성에 대해서도 생각해봐야 한다.

참고문헌

민정훈, "2024 미국 대통령 선거 결과 분석 및 대외정책 전망," 『IFANS 주요 국제문제분석』, 2024-31, 2024.11.13.

William A. Reinsch and Jack Whitney, 2025, "Silicon Island : Assessing Taiwan's importance to U.S Economic Growth and Security" CSIS Briefs.

Bonnie S. Glaser, Richard C.Bush, and Ryan Hass, 2023, "U.S.-Taiwan relations : Will China's Challenge Lead to a crisis?"

Mark F. Cancian, Mattew Cancian and Eric Heginbotham, 2023, CSIS, "The First Battle of the Next War : Wargaming a Chinese Invasion of Taiwan"

허재철, 대외경제정책연구원, "미중 전략경쟁 시기의 대만 문제와 한국의 경제안보", 연구자료 22-12.

정형곤, 윤여준, 연원호, 김서희, 주대영, 2021, "미중 반도체 패권 경쟁과 글로벌 공급망 재편" 대외경제정책연구원 연구보고서 21-28

VI. 트럼프 2기 행정부 출범과 한반도

강석율(한국국방연구원)

트럼프 2기 행정부 출범은 한반도 안보에도 지대한 영향을 초래할 것으로 전망되고 있다. 특히 거래적 접근법이 투영된 미국의 동맹 정책으로 인해 한미 간 주요 현안에서 갈등이 초래될 가능성이 우려되는 상황이다. 이러한 동맹 갈등을 최소화하면서 최적화된 상호 이익을 달성하려면 무엇보다 민주주의라는 핵심적 가치를 기반으로 미국 신행정부와 공조해야 한다. 양국 공조의 핵심은 고도화된 북한의 군사적 위협을 억제하면서 한반도의 평화를 뒷받침하는 것이다. 중국에 대한 위협인식의 차이로 인해 동맹 갈등이 고조되는 상황을 방지하는 것도 중요하며, 한미일 안보 협력의 지속가능성을 담보할 필요성도 제기된다. 대북한 정책을 둘러싼 동맹 공조 이슈가 부상한 가능성에도 유의해야 할 것이다.

Question
25. 왜 민주주의는 미국 신행정부와의 공조에서 핵심적 가치인가?

트럼프 2.0 시대의 한미동맹에 대한 우려가 제기되고 있다. 미국 신행정부의 동맹 정책에 투영된 거래적(transactional) 접근법으로 인해 한미동맹 주요 현안에서 갈등이 초래될 가능성 때문이다. 특히 미국이 역할 증대와 비용 분담 측면에서 한국에 압박을 가하면서 대중국 견제, 주한미군의 역할과 규모 조정, 방위비 분담금 재협상, 전략자산비용 부담 증대 등이 핵심 현안으로 부상할 것으로 예측된다. 미국과 북한의 핵군축 협상 가능성 등 대북한 정책을 둘러싼 동맹 공조 이슈가 부상할 가능성도 예상된다. 이러한 동맹 현안에 따른 갈등을 최소화하면서 최적화된 상호 이익을 달성하기 위해서는 글로벌 포괄적 전략동맹이라는 동맹의 미래 지향점에 관한 공감대 구축이 필수적이다.

글로벌 포괄적 전략동맹 개념은 한미동맹의 미래 지향적 관계 설정을 위한 기존 논의가 집결된 결과물이다. 탈냉전과 더불어 이러한 논의가 본격화되기 시작했다. 이를 토대로 양국은 2008년 4월의 한미정상회담을 통해서 한미동맹을 '21세기 전략동맹'으로 발전시키기로 합의하면서 동맹의 미래 비전 논의에 착수했다. 그 결과 2009년 6월의 정상회담을 통해 양국은 "공동의 가치관과 상호신뢰에 기반한 양자·지역·범세계적 범주의 포괄적인 전략동맹을 구축해 나갈 것"이라는 내용을 담은 동맹의 공동 비전을 채택했다. '포괄적 전략동맹(comprehensive strategic alliance)' 개념이 한미동맹의 미래 지향점으로 공식화된 것이다.

이를 계기로 한미 포괄적 전략동맹을 발전시키기 위한 노력이 본격화되었다. 그 결과 2013년 5월의 '한미동맹 60주년 기념 공동선언'을 통해 양국은 "한국전쟁 속에서 태동하고, 1953년 한미 상호방위조약에 기초한 한미동맹이 안보 협력을 넘어서 정치·경제·문화·인적교류 분야에서 폭넓은 협력을 바탕으로 포괄적 전략동맹으로 진화해 왔다"라고 평가했다. 바이든 행정부 출범 이후 최초로 열린 2021년 5월의 정상회담을 통해서도 한반도 차원의 군사 안보를 넘어서 경제 안보와 글로벌 차원의 포괄적 협력 방향도 가시화하면서 포괄적 전략동맹의 비전을 재확인했다.

이러한 기존 합의를 토대로 양국은 '글로벌 포괄적 전략동맹' 개념으로 규정된 미래 지향적 동맹 관계를 천명했다. 그 배경은 국제사회에서의 국력과 위상에 따라 한반도를 넘어선 지역 전반과 글로벌 차원의 적극적 관여가 필요하다는 공감대 형성이다. 이를 배경으로 우리 정부는 자유·평화·번영을 증진하는 '글로벌 중추 국가'라는 국가 정체성을 정립했다. 글로벌 포괄적 전략동맹 개념은 이러한 한국의 정체성을 한미동맹에 투영한 결과물이며, 한반도·지역·글로벌 차원에서 동맹의 협력 수준을 심화·확장하면서 진화적으로 발전시키겠다는 의지를 보여준 것이다.

따라서 2022년 5월의 정상회담을 통해 양국은 다음 세 가지 사항에 합의했다. 첫째, 한미동맹을 한반도의 평화와 번영을 위한 핵심축으로 규정했다. 둘째, 양국의 전략적 경제·기술 파트너십을 천명하면서 경제·안보 동맹의 출범을 공식화했다. 셋째, 글로벌 포괄적 전략동맹의 비전에 따라 규범에 기반한 국제질서를 저해하는 모든 행위를 반대한다고 강조했다. 인도·태평양 지역 차원의 공조와 함께 기후 변화로 인한 실존적 위협과 글로벌 보건 안보 대응과 함께 우주·사이버 분야에서의 동맹 공조도 강조했다. 2023년 4월 정상회담에서도 이러한 기존 합의를 재확인했다. 나아가 양국 정상 차원의 합의를 국방 당국 차원에서 뒷받침하기 위한 한미동맹의 국방 비전도 제시했다. 대북 확장억제 노력 강화, 과학기술동맹으로의 진화를 통한 동맹 능력 현대화, 가치 공유국과의 연대와 지역안보협력 강화 등 동맹 협력의 3대 노력선이 그 내용이다.

이러한 글로벌 포괄적 전략동맹의 비전은 트럼프 2기 행정부 출범 이후 한미 관계에서도 지속 강조되어야 한다. 미국의 거래적 접근법에 따른 동맹 갈등을 최소화하면서 최적화된 공조를 담보하는 핵심 기제로 작용할 것이기 때문이다. 물론 미국우선주의에 따른 국익 극대화의 정책 기조를 한미동맹에 관철하려는 트럼프 대통령의 접근법으로 인해 양국 간 국익 조율의 문제가 부상하면서 갈등이 표출될 수 있다. 하지만 글로벌 포괄적 전략동맹의 비전에 따라 한반도·지역·글로벌 차원에서 중층적으로 구축된 양국의 협력 관계는 이러한 갈등을 최소화하면서 최적화된 상호 이익 달성을 뒷받침할 것이다.

한미동맹의 역사는 이러한 글로벌 포괄적 전략동맹을 뒷받침하는 핵심 가치가 민주주의임을 보여주고 있다. 냉전기 한국은 미국의 안보 공약을 바탕으로 군사력을 신장시키고 경제적으로 성장하면서 민주주의적 정치체제로 발전할 수 있는 토대를 마련하였다. 동시에 1961년 5월 16일의 군사정변 이후 장기간 군부독재가 유지되면서 민주주의와 인권 문제를 둘러싼 미국과의 갈등도 초래했다. 이러한 부정적 역사는 탈냉전기 한국 정치의 민주화와 함께 해소되었으며, 반미주의 기류 역시 상당 부분 불식되었다. 그 결과 한국은 미국의 동맹 관계에서 경제성장과 민주화를 동시에 달성한 대표적 국가라는 위상을 구축했으며, 이를 토대로 양국은 민주주의와 규범에 기반한 국제질서를 촉진한다는 공동의 지향점에 기반한 글로벌 포괄적 전략동맹의 비전을 천명했다.

따라서 한국의 민주주의는 미국 신행정부와의 공조에서도 지속 견지해야 할 핵심적 가치이다. 또한, 미국 의회와 조야를 상대로 한국의 가치를 역설하는 연성 권력의 원천이기도 하다. 특히 12·3 비상계엄 이후 전개된 한국의 정치 상황은 민주주의가 한미동맹의 근간임을 재확인시키는 계기가 되었다. 미국 내에서 비상계엄 조치를 명시적으로 비판한 동시에 헌법적 절차에 따라 한국의 민주주의가 회복된 과정을 높이 평가한 이유이다. 트럼프 2기 행정부 출범 이후 미국을 상대로 민주주의 가치가 투영된 글로벌 포괄적 전략동맹의 논리를 지속 강조하면서 우리 국익을 극대화하는 접근법이 필요하다.

Question
26. 한미동맹은 북한의 위협에 어떻게 대응해야 하는가?

우리 정부는 한반도의 평화를 뒷받침하는 삼중의 안보 구조 구축에 주력해 왔다. 첫째, 한미동맹의 차원에서는 연합방위태세와 국가총력전 수행 능력을 강화하는 동시에 동맹의 일체형 확장억제 구축에도 주력하고 있다. 둘째, 한미일 안보 협력을 제도화하면서 체계적으로 발전시키는 중이다. 셋째, 한반도 평화를 뒷받침하는 유엔사의 역할과 가치에 주목하면서 연대 구축 의지도 천명했다. 이러한 일련의 노력은 북한의 핵·미사일 위협 고도화와 공세적 핵 독트린 수립으로 한반도의 전략환경이 변화된 가운데 러·북의 군사협력도 본격화된 복합적 안보 도전에 대응하는 통합억제력(Integrated Deterrence) 구축의 필요성에 따른 것이다.

북한의 위협을 억제하기 위해서는 한반도 유사시를 대비한 한미동맹의 연합연습을 지속 발전시켜야 한다. 이를 위해 한미 국방 당국은 실전적 훈련을 통한 연합방위능력 구축에 주력했다. 하지만 북한의 핵 사용 시나리오를 반영하지 않은 연합작전계획(OPLAN)으로 인해 한반도 핵 유사시 상황 대응에 한계가 불가피했다. 이에 한미 국방 당국은 전략기획지침(SPG)과 전략기획지시(SPD) 승인을 통해 작전계획의 최신화에 착수했다. 그 결과 2024년 10월에 개최된 제56차 한미안보협의회의(SCM) 공동성명을 통해 "향후 연합연습에는 북한의 핵 사용에 대한 대응을 포함한 현실적인 시나리오를 포함하기로 결정"했다고 밝혔다. 이러한 한미의 합의를 토대로 북한의 핵무기 사용 시나리오에 기반한 전구급 시뮬레이션 훈련과 실전적 야외 기동훈련에 주력하면서 한반도의 평화를 뒷받침하는 연합방위능력을 구축하는 것이 관건이다.

한미동맹의 일체형 확장억제를 발전시키는 노력도 필수적이다. 한미 당국이 동맹의 확장억제력을 강화하기 위해 노력한 결과 2023년 4월의 정상회담을 통해 '워싱턴 선언'을 발표했다. 한미가 함께하는 일체형 확장억제를 구축해 북한의 핵 위협을 억제 및 대응하면서 한반도의 평화와 안정을 담보하겠다는 내용이다. 미국이 확장억제를 제공하는 비핵 동맹국과 정상 차원의 합의문을 발표한 최초의 사례이기도 하다.

한미 당국은 워싱턴 선언에 따라 창설된 핵협의그룹(NCG)을 통해 고도화된 북한의 핵 위협을 체계적으로 관리 및 대응하기 위한 협의를 지속하면서 확장억제를 세부 분야별로 발전시켜왔다. 그 결과 2024년 7월의 정상회담을 통해 일체형 확장억제 구축을 위한 실천적 지침과 협력 기반으로 기능하게 될 「한미 한반도 핵억제 핵작전 지침」을 최종 승인했다. 일체형 확장억제 구축을 군사적 차원에서 뒷받침하는 '핵·재래식 통합(CNI)' 개념에도 합의했다. 한국군의 첨단 재래식 전력과 미국의 핵전력을 통합 운용해 한반도에서의 실전적인 핵 대응능력을 확충하고 태세를 구축하는 발판을 마련한 것이다. 한미동맹의 핵·재래식 통합 작전체계는 북한의 핵무기 사용을 억제 및 대응하기 위해 첨단 재래식 전력을 운용하게 되는 한국 전략사가 미 전략사의 핵작전을 지원하는 방식으로 출발했다.

이러한 토대에서 향후 핵·재래식 통합 작전체계의 기획 및 작전 활동의 유형을 포괄적으로 검토하면서 발전시키는 동맹의 노력이 필요하다. 핵·재래식 통합 작전체계와 현 재래식 전력 기반의 한미 연합방위체제 간 상호 보완적 발전도 중요하다. 이를 위해 연합방위체제의 미래 지향적 발전이라는 관점을 견지하면서 상호 보완적 발전 방향을 지속 토의해야 한다. 이러한 군사적 차원의 노력은 북한의 비핵화를 추동하는 전략환경 조성을 뒷받침할 것이다.

트럼프 2기 행정부의 출범에 따라 북한의 위협을 억제하면서 한반도의 평화를 담보해 온 미국의 군사적 접근법이 일정 부분 변화될 수 있다. 예를 들어 1기 행정부 시기 북한 비핵화 협상과 연계해 한미의 연례 연합연습·훈련을 축소하면서 탄력적으로 운용한 상황이 재현될 가능성이 제기되었다. 미국 신행정부가 핵전략의 자율성과 전략자산 전개의 비용 분담을 강조하면서 한국과의 일체형 확장억제력 구축에 소극적인 모습을 보여줄 가능성도 고려해야 한다. 이러한 일련의 상황을 조율하는 정책 공조와 비용 분담 협상이 트럼프 2.0 시대 한미동맹의 핵심 현안으로 부상할 가능성이 크다.

북한의 국지도발에 신속히 대응하면서 확전을 방지하는 노력도 요구된다. 특히 북한이 북방한계선(NLL)의 분쟁수역화를 의도하는 군사적 도발을 감행할 가능성에 대비할 필요성이 제기되었다. 북방한계선이 한반도의 군사적 긴장을 예방하는 효과적 수단이라는 점에 대한 한미동맹 차원의 공감대 형성이 필요한 이유이다. 북한의 국지도발 상황에서 우리 군의 정당한 자위권 행사도 담보해야 할 것이다. 이를 위해서는 정전협정을 관리하는 유엔사는 물론 한미연합사령부 및 주한미군사령부와도 지속 소통하면서 한반도 정전 상황에서 우리 군의 작전통제권 행사에 관한 이해의 폭을 확대해야 한다.

러북 군사협력에 대응하는 한미동맹의 공조도 중요하다. 양측은 2024년 6월의 정상회담을 통해 「포괄적인 전략적 동반자관계에 관한 조약」을 체결했다. 특히 동 조약 4조는 러북 일방이 무력 침공을 받아 전쟁상태에 처하게 되는 경우 다른 당사국은 즉시 보유한 모든 수단을 동원해 군사 및 기타 원조를 제공한다고 명시했다. 우크라이나 전쟁을 계기로 추동된 군사협력 관계의 법적 토대를 구축한 것이다. 해당 조약에 따라 북한군은 우크라이나 전쟁에 참전했다. 러시아의 상응 조치로 북한에 지원될 군사지원과 북한군의 전투 경험 축적 등 한반도 안보에 초래할 파급효과에 대한 한미동맹의 차원의 지속적인 평가와 경각심 제기도 필요하다.

Question
27. 중국의 역내 도전에 따른 한미동맹의 현안은 무엇인가?

　러시아와 북한의 밀착 행보를 추동한 우크라이나 전쟁이 교착 국면에 처한 가운데 자국에 유리한 방향으로 전쟁을 종결하기 위한 치열한 경쟁이 전개되고 있다. 여기에 2023년 10월 팔레스타인 무장 정파인 하마스(Hamas)가 이스라엘을 전격적으로 기습 공격하면서 초래된 양측의 무력 충돌 국면으로 인해 국제사회는 유럽·중동 지역에서 전쟁이 동시에 전개되는 다중 분쟁의 구도에 직면했다.

　미국은 이러한 다중 분쟁의 확전을 통제하면서 전쟁을 종결하기 위해 국가적 역량을 집결하는 동시에 국제사회의 협력을 주도해야 하는 상황이다. 국가전략의 관점에서 최우선적 도전으로 규정한 중국과의 전략경쟁에서 우위를 구축하는 노력에 집중해야 하기 때문이다. 하지만 유럽·중동 지역의 전쟁이 계속되는 가운에 인도-태평양 지역을 중심으로 격화된 미중의 전략경쟁이 글로벌 차원에서도 본격화되면서 '전략적 동시성(strategic simultaneity)'의 문제에 직면하게 되었다. 즉 인도-태평양, 유럽, 중동 등 미 국가전략에 중요한 지역에서 동시 전개되고 있는 다중 분쟁에 최적화된 방향으로 대응하는 안보·국방 전략의 수립이 요구되는 것이다.

　한미동맹의 관점에서 볼 때 일차적인 문제는 북한이 이러한 미 국가전략의 전략적 동시성 문제에 주목하면서 한반도에서의 군사 도발을 강화할 가능성이다. 유럽·중동 지역에서의 분쟁 관리와 해결을 위한 미국의 관여 증대가 인도-태평양 지역 내 동맹 및 우방국에 대한 공약의 약화로 해석될 수 있기 때문이다.

전략적 동시성의 논리에 따라 미국은 인도-태평양 지역에서 중국의 위협 대응에 최우선적 중요성을 부여하고 있다. 반면 북한은 2차 위협으로 규정되는 실정이다. 반면 한국의 관점에서는 북한이 최우선적인 위협으로 규정되며, 중국은 잠재적 위협인 동시에 우호적 관계를 유지해야 하는 이웃 국가로 인식된다. 이러한 위협인식의 차이는 동맹의 내부적 갈등을 초래하는 잠재 요인이 될 수 있다.

특히 중국과 북한의 위협이 동시 고조되면서 동맹의 갈등이 고조될 가능성이 우려되는 점이다. 동맹의 군사적 자원 배분을 둘러싼 이견이 표출될 수 있기 때문이다. 한국은 한반도의 군사적 위기 국면에서 미국이 북한 위협 대응에 주력하기를 원하고 있다. 반면 미국은 전략경쟁의 논리에 따라 중국의 역내 위협 대응에 최우선적 중요성을 부여하게 될 것이다. 그 결과 한반도 유사시 미국의 군사적 개입에 수반되는 잠재 비용 증대가 불가피해진다. 이는 중국과 북한의 역내 위협이 동시 고조되는 상황에서 북한 위협에 대한 미국의 대응 방식과 규모를 둘러싼 동맹의 이견이 표출될 수 있음을 시사하고 있다. 따라서 인도-태평양 지역에서 중국과 북한의 위협이 동시 고조되는 경우를 대비하는 한미동맹의 공조가 요구되는 실정이다.

12·3 비상계엄으로 한국의 정치적 불확실성이 고조된 가운데 미국 내에서 한국의 대중국 정책 전환 가능성이 제기되었다. 한국의 정권 교체로 진보 정부가 조기 출범할 경우 대중국 유화 정책을 추진하면서 한미동맹의 갈등 요인으로 부상할 수 있다는 시각이다. 이

러한 시각은 국가전략의 차원에서 대중국 경쟁 승리에 최우선적 중요성을 부여한 미국의 정책과 한국의 대중국 정책 간 조율이 트럼프 2.0 시대 한미동맹의 핵심 현안으로 부상할 수 있음을 시사하는 대목이다.

특히 대만 해협 위기 상황이 한미동맹의 현안으로 부상할 수 있다. 미중의 군사적 충돌 국면이 가시화될 경우 미국의 직·간접적 지원 요청으로 한국이 연루될 가능성 때문이다. 예를 들어 대중국 비판에 대한 국제적 지지 동참과 경제적 제재 참여, 대만에 대한 군사·비군사적 지원, 미군 전력의 한국 내 기지 사용, 중국 북부전구 봉쇄를 위한 한미연합훈련 등이 요청될 수 있다. 동시에 대만 해협의 위기는 한반도 위기로 연계될 수도 있다. 북한이 대만 해협의 위기 상황을 자신의 전략적 입지를 구축하는 호기로 간주하면서 군사적 공세를 강화할 가능성 때문이다. 따라서 한미연합전력의 대북한 대비 태세 구축 약화와 중국의 보복적 조치 등 우리 국익에 초래할 수 있는 부정적 영향을 종합적으로 고려하면서 대응 기조를 수립해야 할 것이다.

트럼프 1기 행정부 시기 미 국방조직은 미국의 군사력을 역동적으로 운용하겠다는 개념을 제시했다. 전략적 경쟁자들을 억제 및 격퇴하기 위해 "전략적으로는 예측이 가능하되, 작전적으로는 예측 불가능하도록" 미 군사력을 운용하겠다는 논리이다. 그 유래는 2004년의 '글로벌 방위 태세 검토(GDPR)'를 통해 제시된 군사력의 유연한 이동과 탄력적 집중이다. 이러한 군사력 운용의 논리를 바탕으로 미국은 한국과 일본 등 동북아 지역에 미 군사력이 집중된 상황에 대한 문제의식을 제기하기 시작했다. 전략경쟁의 관점에서 최우선적 도전으로 규정한 중국과의 초경쟁(hyper-competition)에 대비하기 역부족이라는 비판이다.

따라서 트럼프 2.0 시대 한미동맹에서 주한미군의 역할과 규모를 대중국 군사 경쟁에 부합하는 방향으로 재조정해야 한다는 논리가 부상할 수 있다. 이른바 주한미군의 '전략적 유연성(strategic flexibility)'이 가시화될 수 있다는 시각이다. 특히 대만 해협을 둘러싼 미국과 중국의 군사적 대결 국면이 가시화될 경우 주한미군이 대만 해협으로 전개될 수 있다. 중국의 역내 반접근·지역거부(A2/AD) 체계를 상쇄하는 차원에서 주한미군 일부가 인도·태평양 역내에 재배치될 가능성도 배제하기 어렵다. 트럼프 2기 행정부의 국방조직 인선은 미국이 주한미군의 전략적 유연성을 구현하기 위해 한국군의 주도적 역할 증대를 요청할 수 있음을 시사하고 있다. 한국군에 대한 전시작전통제권 전환이 동맹 현안으로 부상할 가능성이 예상되는 이유이다. 따라서 한미연합방위체제의 관점에서 주한미군의 역할과 규모 재조정 가능성에 주목할 필요가 있다.

Question
28. 한미일 협력의 지속 가능성을 어떻게 보장할 것인가?

한미일 안보 협력은 정상회담을 정점으로 고위급 정책협의, 정보공유, 연합훈련 등의 구성요소로 체계화되어 있다. 첫째, 한미일 정상회담은 3국 협력의 포괄적 방향성을 제시하면서 국방·외교 분야 협력을 하향식으로 추동하는 협의체이다. 둘째, 한미일 국방장관 회담, 차관보급 안보회의, 합참의장 회의 등 고위급 정책협의를 통해 3자 안보 협력을 지속 강화해왔다. 셋째, 북한 핵·미사일 대응을 위한 정보공유 분야 공조가 본격화됐다. 넷째, 3국 연합훈련을 정상적 수준으로 복원하면서 정례화 및 확대하려는 노력을 지속했다.

이러한 한미일 3국 안보 협력은 미국과 한국의 정책 의지가 맞물리면서 추동되었다. 미국은 2022년 2월에 백악관 명의로 공개한 인도·태평양 전략서를 통해 한미일 협력의 중요성을 역설하면서 지역 발전, 기반 시설 구축, 핵심기술과 공급망 이슈 등 전방위적 차원으로 확대하겠다는 의지를 천명했다. 3국 협력을 추동하기 위한 한일 협력의 중요성도 강조하면서 양국 관계 개선을 강력히 요청할 것임을 시사했다. 같은 해 5월에 출범한 윤석열 정부는 이러한 미국의 요청에 호응하면서 일본과의 관계 개선을 위한 선제적 조치를 추진했다. 이를 계기로 양국은 2023년 4월의 정상회담을 통해 한미일 협력을 "공동의 가치를 따르고, 혁신을 동력으로 하며, 공동의 번영과 안보에 대한 의지에 기반"한 협력체로 규정했다.

한미일 3국은 일련의 정상회담과 고위급 정책협의체 회의를 통해 3국 협력의 가치연대적 성격을 부각하면서 북한의 도전에 대응하는 동시에 규범에 기반한 국제질서를 뒷받침하겠다고 천명했다. 특히 2023년 8월 개최된 캠프 데이비드 한미일 정상회의를 통해 3국 협력 제도화의 기틀을 마련했다. 3국 협력의 지속 지침을 담은 '캠프 데이비드 원칙'과 협력의 비전 및 이행방안을 천명한 공동성명 등이 주요 내용이다. 이어서 2024년 7월의 국방장관회의를 통해서는 '한미일 안보 협력 프레임워크(TSCF)'에 서명했다. 동 문서는 3국 안보 협력의 기본 방향과 정책 지침을 제공한 최초의 문서로서, 북한 핵·미사일 위협을 포함한 역내 도전·도발·위협 대응을 통해 한반도와 인도·태평양 지역 및 이를 넘어서는 범위에서 평화와 안정을 보장한다는 목적을 설정했다. 이를 위해 3국의 고위급 정책협의를 정례적으로 개최하기로 합의했다. 같은 해 11월에는 3국 협력을 실무적 차원에서 더욱 체계적으로 발전시키기 위한 목적으로 사무국을 공식 출범시켰다.

북한 위협 대응의 3국 공조도 본격화되었다. 북한 미사일 위협 대응을 위한 정보공유 분야 협력이 대표적이다. '한미일 정보공유협정(TISA)'과 한일 군사정보보호협정(GSOMIA) 등 기존 정보공유 체계 운용상 제약에 따라 3국의 실시간 정보공유 필요성이 제기되었다. 이에 2022년 11월에 개최된 프놈펜 정상회의를 통해 3국은 북한 미사일 경보정보의 실시간 공유체계 구축에 합의하면서 위협 대응 공조의 새로운 이정표를 마련했다. 이를 이어 2023년 3월부로 조건부로 운영되어 온 한일 군사정보보호협정이 완전히 정상화되었으며, 같은 해 12월부로 북한 미사일 경보정보의 3국 간 실시간 공유체계를 가동하면서 미사일 위협의 탐지·평가 능력을 획기적으로 향상했다.

하지만 트럼프 2.0 시대 한미일 안보 협력의 앞날에 상당한 도전이 예상된다. 미국의 관점에서 볼 때 한미일 안보 협력을 포함한 역내 제도화된 소다자 협의체들은 역내 전략 추진의 핵심 자산으로 활용될 수 있다. 하지만 트럼프 2기 행정부는 바이든 행정부와 비교해 3국 협력을 뒷받침하는 지도력 발휘에 소극적인 모습을 보여줄 것으로 전망된다. 일본의 경우 내각의 국내정치적 입지에 따라 한미일 협력 등 대외정책 수행의 동력이 약해질 가능성이 있다. 12·3 비상계엄으로 촉발된 한국의 정치적 상황 역시 한일관계 개선과 한미일 협력의 지속성에 의구심이 제기되는 이유이다. 결국, 한미일 협력의 지속성을 담보하기 위해서는 3국 정상 차원에서 협력 의지를 지속 발신하는 것이 관건이다.

한미일 안보 협력의 방향성을 둘러싼 3국의 정책 조율도 중요하다. 한국 안보의 관점에서는 북한 위협 억제에 중점을 두는 동시에 명시적인 대중국 견제 협의체로 확장되면서 중국의 반발을 초래하는 상황을 방지하는 것이 바람직하다. 반면 미국과 일본은 3국 안보 협력을 북한 위협 억제를 넘어 대중국 억제의 협의체로 발전시켜야 한다는 시각이다. 따라서 3국의 안보 협력이 대중국 대응 협의체로 인식되면서 중국의 반발을 초래할 수 있다. 한미일 협력의 지속가능성을 담보하기 위한 정책 조율의 필요성을 보여주는 대목이다.

한미일의 정례화된 연합훈련은 트럼프 2.0 시대 3국 협력의 지속

가능성을 군사적 차원에서 뒷받침할 것이다. 2023년 8월의 캠프 데이비드 정상회의를 통해 3국 정상은 연합군사훈련의 명칭을 부여하면서 다영역에서 정례적으로 실시하겠다고 밝혔다. 이러한 정상 차원의 지침에 따라 한미일 당국은 다년간의 3차 훈련 계획을 수립했다. 3자 훈련을 더욱 체계적이고 효율적인 방식으로 시행하려는 목적이다. 그 연장선에서 한미일 최초의 다영역 훈련인 '프리덤 에지(Freedom Edge)' 1차 훈련과 2차 훈련이 2024년 6월과 11월 부로 실시되었다. 3국의 정례화된 연합훈련은 트럼프 2기 행정부 출범 이후에도 유지될 가능성이 크다. 다만 훈련 비용 분담의 문제를 원만히 조율할 필요성도 부상할 가능성이 있다.

일본 관련 이슈가 한미일 안보 협력의 쟁점으로 부상하는 상황을 방지하는 것도 중요하다. 특히 3국 연합훈련이 본격화되면서 한반도 유사시 일본 자위대의 한반도 진출 가능성에 대한 우려가 제기되었다. 연합훈련 구역의 명칭 표기 문제를 둘러싸고 갈등이 초래될 가능성에도 유의해야 한다. 한미일 당국의 지속 소통을 통해 이러한 문제들을 원만히 해결하는 접근법이 요구될 것이다.

Question
29. 미북 비핵화 협상 재개와 관계 개선은 가능한가?

2020년 11월 대선을 앞두고 트럼프 당시 대통령은 자신이 재선되면 북한과 매우 신속하게 비핵화 협상에 착수할 것이라고 밝혔다. 2024년 11월 대선 유세 과정에서도 김정은 국무위원장과의 친분을 줄곧 과시하면서 북한과 정상외교에 나설 가능성을 시사했다. 특히 2024년 7월의 공화당 전당대회에서의 대통령 후보 수락 연설을 통해 "많은 핵무기를 가지고 있는 누군가와 잘 지내는 것은 좋은 일"이라면서 재집권하면 김정은과 잘 지낼 것이라고 밝혔다. 따라서 집권 1기 시기의 미북 비핵화 협상과 관계 개선 모색이 트럼프 2기 행정부 출범 이후에 재개될 것인지가 주목되는 상황이다.

트럼프 1기 행정부 시기 미국과 북한 간 세 차례의 정상회담이 진행되었다. 그 첫 번째인 2018년 6월의 싱가포르 정상회담을 통해 양측은 새로운 관계 수립, 한반도의 지속적이고 안정적인 평화 체제 구축 노력, 한반도의 완전한 비핵화를 향한 노력 등의 내용에 합의했다. 동 정상회담은 양측 간 역사상 최초의 정상회담이라는 상징성과 함께 6·25 전쟁 이후 계속된 적대적 관계를 극복하면서 새로운 미래를 열어나가자는 의지를 천명했다는 점에서 주목받았다.

새로운 관계 수립을 위한 미북의 관계 개선은 북한의 비핵화 진전을 전제로 추진되었다. 따라서 비핵화 방안과 상응 조치에 관한 합의가 필수적이었다. 이를 위해 양측은 후속 협상에 착수했다. 북한의 비핵화 로드맵은 2019년 2월에 개최된 하노이 미북 정상회담을 통해 도출될 것으로 기대되었다. 하지만 동 정상회담은 아무런 결과물을 내놓지 못한 상태로 결렬되었다. 북한이 영변 핵시설 해체의 대가로 모든 제재의 해제를 요구한 데 대해 미국이 영변 핵시설과 함께 다른 핵시설을 포함한 더 획기적 비핵화 조치가 필요하다고 주장하면서 이견 조율에 실패했기 때문이다.

하노이 회담 결렬은 정상 차원의 하향식 접근법을 통한 비핵화 협상의 한계를 보여주었다. 따라서 2019년 6월 남북미 정상의 판문점 회동에 이어 개최된 미북의 세 번째 정상회담에서 양측은 실무협상 돌입의 필요성에 공감대를 구축했다. 그 결과 같은 해 10월 스웨덴 스톡홀름에서 양측의 실무회담이 진행되었다. 하지만 완전한 비핵화를 최종 목표로 한 미국의 포괄적 접근법과 단계적 합의·이행을 고수한 북한의 접근법이 조율되지 못하면서 결렬되었다. 비핵화 방안과 상응 조치에 관한 양측의 근본적인 시각 차이를 조율하기 어렵다는 점을 확인시켜 준 것이다.

2021년 1월에 출범한 바이든 행정부는 출범 100일 만에 대북한 정책의 검토 결과를 공개했다. 한반도의 완전한 비핵화를 목표로 실용적이고 조정된 접근을 통한 외교적 해법을 모색한다는 내용이다. 외교를 중심으로 한 단계적 관여의 논리로서 미북 정상 간 담판을 모색한 전임 트럼프 행정부와 차별화된 접근법을 보여준 것이다. 하지만 제재 등 적대적 정책 철회를 요구한 북한과의 접점을 도출하지 못하면서 북한을 협상으로 유인하는 데 실패했다. 이렇게 외교적 접근법의 추동력이 약해지면서 바이든 행정부의 대북한 정책은 한국과의 일체형 확장억제력 구축을 통한 억제 중심의 정책으로 전환되었다.

트럼프 2기 행정부의 출범은 미북 비핵화 협상의 교착 국면을 타개하는 새로운 계기가 될 수 있다. 집권 1기 시기와 유사하게 양국 지도자 간 관계를 강조하면서 협상을 시도할 가능성 때문이다. 하지만 우크라이나 전쟁과 이스라엘-하마스 무력 충돌 등 다중 분쟁의 종결에 최우선적 순위를 부여할 경우 대북한 정책의 우선순위 약화가 불가피하다. 미국 신행정부의 대북한 정책 기조 확정에 상당한 시간이 소요될 수 있음을 시사하는 것이다. 하노이 회담 결렬에 따른 부정적 학습효과로 인해 미북 모두 정상회담 추진에 소극적일 수도 있다. 따라서 양측의 정상회담 여건이 단기간 내 형성되기는 어려울 가능성이 크다.

미국의 대북 정책과 관련해 현상 유지와 압박, 정치적 상징성을 부각하는 비핵화 합의 도출, 핵군축 협상 시도 등 다양한 시나리오가 예상된다. 특히 고도화된 북한의 핵·미사일 능력을 고려할 때 사실상 핵군축 협상의 방식으로 재개될 가능성을 배제하기 어렵다. 북한의 핵 보유 현실을 암묵적으로 인정하면서 미 본토에 대한 위협을 제거하는 데 중점을 두는 접근법이다. 하지만 비핵화 목표를 폐기할 경우 북한의 사실상 핵보유국 지위를 용인하게 되며, 이는 한반도 안보를 넘어 글로벌 비확산 질서를 뒤흔드는 충격을 줄 것이다. 한국의 자체 핵무장 여론이 비등해지면서 한미동맹의 갈등이 고조될 가능성도 배제하기 어렵다. 따라서 북한의 비핵화를 절대적 목표로 유지하는 동맹 공조가 필수적이다.

미북의 향후 협상이 재개되면 싱가포르 합의의 중요성이 재부상할 것으로 전망된다. 트럼프 1기 행정부는 스톡홀름 실무회담 결렬 이후의 비핵화 협상 교착 국면에서 싱가포르 합의를 실현하기 위해 유연한 접근법을 취할 의향이 있다고 밝히면서 합의 진전 의지를 지속 강조했다. 바이든 행정부 역시 싱가포르 합의를 바탕으로 실용적 접근을 강조한 한국 정부의 요구를 일정 부분 수용했다. 이러한 정책 기조의 연장선에서 미국 신행정부는 싱가포르 합의에 담긴 새로운 관계 수립을 강조하면서 북한과의 협상 재개에 나설 가능성이 있다.

문재인 정부 당시 한국은 미북 비핵화 협상의 중재자 역할을 자처했다. 남북한 관계, 북미 관계, 북한 비핵화 간 선순환 구조를 구축하려는 국가 전략적 접근법에 따른 것이다. 이러한 한국의 역할은 미북 협상을 추동하는 원동력으로 작용했다. 반면 향후 미북의 협상이 재개될 경우 한국이 배제될 가능성이 우려되는 상황이다. 양측이 직접 협상에 나설 가능성이 크기 때문이다. 한국 소외론 등 향후 논란이 제기될 가능성을 차단할 필요성을 시사하는 점이다.

 참고문헌

강석율. 2024. "한미동맹의 일체형 확장억제 구축과 연합방위체제에의 시사점." 국가전략정보포털(https://nsp.nanet.go.kr).

김우상. 2023. "미·중 패권경쟁 시기의 한미동맹."『신아세아』Vol. 30, No. 2.

김태주·성기영. 2024. "한미일 협력 활성화를 위한 가치외교의 모색."『INSS 전략보고』No. 253. 국가안보전략연구원 (https://www.inss.re.kr).

계용호 외. 2023.『한미동맹 70년사』. 국방부 군사편찬연구소.

박영준. 2023. "국제안보 질서의 동요와 한미일 안보협력의 방향."『국가전략』제30권 3호.

이수형. 2020. "바이든 시대 미·중 전략경쟁과 한미동맹."『INSS 이슈브리프』통권 228호. 국가안보전략연구원 (https://www.inss.re.kr).

전성훈. 2024. "트럼프 행정부 2기의 북핵정책과 북·미 핵 군축협상 전망."『세종 포커스』. 세종연구소(https://www.sejong.org).

하영선 외. 2010.『21세기 신동맹: 냉전에서 복합으로』. 동아시아연구원

EAI 여론브리핑. 2023. "2023년 EAI 동아시아 인식조사 ①: 미국과 한미관계." 동아시아연구원(https://www.eai.or.kr).

Orta, Kayla. "US-ROK Global Strategic Partnership in the

Indo-Pacific." Available Online at wilsoncenter.org.

Sohn, Hanbyeol and Lee, Jinki. "Beyond the Korean Peninsula: How the South Korea-US Alliance Can Contribute to Regional Security." Available Online at https://thediplomat.com.

Starling, Clementine G. 2021. "Seizing the Advantage: A Vision for the Next US National Defense Strategy." Available Online at https://www.atlanticcouncil.org.

U.S. Department of Defense. 2023. "Defense Vision of the U.S.-ROK Alliance." Available Online at https://www.defense.gov.

Work, Clint. 2020. "The US-South Korea Alliance and the China Factor." Available Online at https://thediplomat.com.

Yeo, Andrew. 2022. "Past, Present, and Future of the ROK-U.S. Alliance in the Indo-Pacific Era." 『한국국가전략』 Vol. 7, No. 2.

필로그
     록
자소개

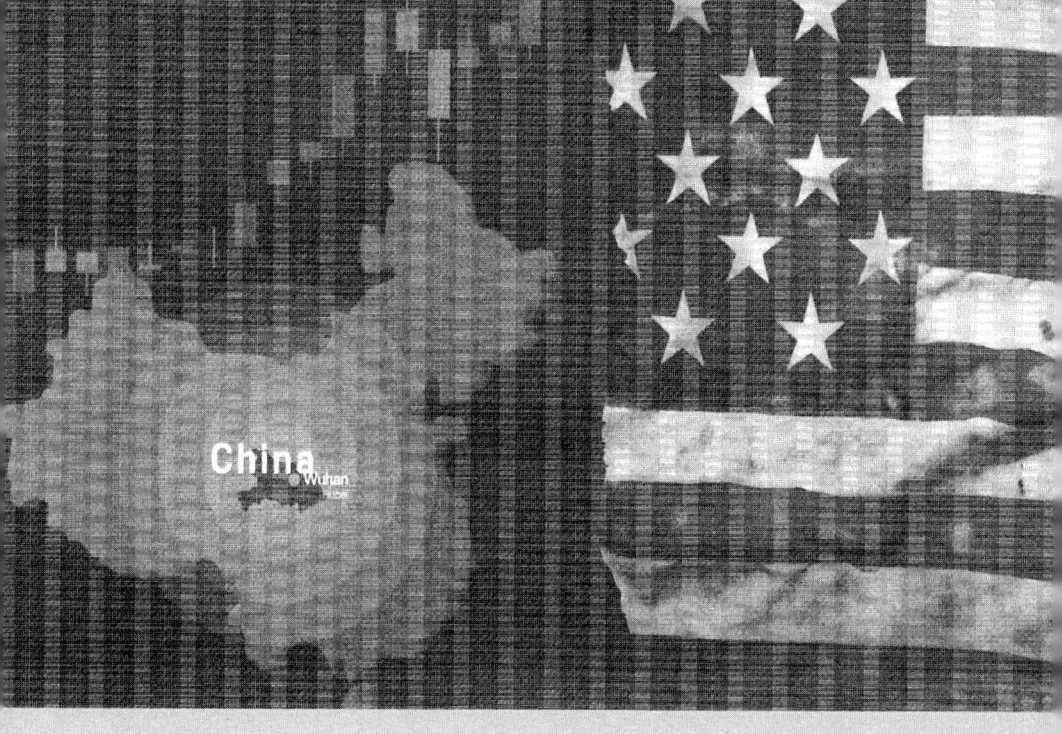

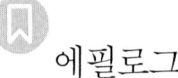# 에필로그

　트럼프 2기 행정부 출범은 미국의 대외정책을 '미국우선주의 (America First) 2.0' 방식으로 재편하는 계기가 될 것이다. 이러한 변화는 한국을 포함한 동아시아 국가들의 외교·안보 환경에 중대한 영향을 미치며, 한국에게도 한미동맹을 유지하면서도 독자적인 외교 노선을 구축해야 하는 과제를 안겨준다. 이러한 점을 고려할 때, 한국의 대외전략은 다음과 같은 방향에서 조정될 필요가 있다.

한국 대외전략의 핵심 정책 방향
　트럼프 2기 행정부의 출범은 경제 안보와 기술 패권 경쟁, 동맹 재조정, 글로벌 다극화 등의 이슈를 중심으로 전개될 것이다. 한국은 이러한 변화에 대비해 다음과 같은 정책 방향을 설정해야 한다. 첫째, 경제 안보를 강화해야 한다. 미중 기술 경쟁이 심화됨에 따라, 한국은 반도체, 배터리, 인공지능(AI) 등 첨단 산업에서 독자적인 경쟁력을 유지하는 전략을 강화해야 한다. 둘째, 공급망 재편에 대응해야 한다. 미국의 '프렌드쇼어링(friend-shoring)'과 중국의 '자립형 경제전략' 사이에서 한국의 기업들이 유리한 협력 구조를 유지할 수 있도록 정부 차원의 조정 기능을 강화해야 한다. 셋째, 외교 다변화를 추구해야 글로벌 사우스(Global South) 국가들과의 협력 확대를 통해 한국의 외교적 입지를 넓히고, 기술·산업·에너지 협력을 다변화하는 것이 필요하다.

트럼프 2기 행정부와의 협력 강화 방안

트럼프 2기 행정부는 '거래적 동맹관'을 더욱 강화할 것으로 예상된다. 이는 한미동맹의 경제적·군사적 분담 요구가 증가할 가능성을 시사한다. 먼저, 방위비 분담 협상에 대비해야 한다. 트럼프 행정부는 한미동맹의 재정적 부담을 한국에 더 많이 요구할 가능성이 크다. 한국은 방위비 분담 협상을 보다 전략적으로 준비하고, 미국 내 의회·싱크탱크·여론 등을 활용하여 협상력을 높여야 한다. 다음으로, 미국과의 경제·기술 협력을 확대해야 한다. 반도체·배터리 등 전략 산업에서 미국과의 협력을 강화하면서도, 자율적인 공급망 구축을 위한 협상력을 유지하는 방안을 모색해야 한다. 또한, 한국은 인도-태평양 경제 프레임워크(IPEF) 및 한미일 협력 체제 내에서 보다 능동적인 역할을 수행하며, 한국의 전략적 가치를 극대화할 필요가 있다.

한미동맹 강화 기조 하에서의 대중국 협력 방안

트럼프 행정부의 대중국 정책은 더욱 강경해질 가능성이 높지만, 한국은 경제적 연계성이 높은 중국과의 협력을 완전히 단절할 수 없다. 이에 따라 다음과 같은 전략이 필요하다. 첫째, 경제와 안보를 분리하여 접근할 필요가 있다. 한미동맹을 중심으로 한 안보 협력을 강화하되, 중국과의 경제협력은 실용적인 관점에서 접근해야 한다. 둘째, 기술 협력에 대한 조정이 필요하다. 미중 간 기술 패권 경쟁이 심화되는 상황에서, 한국은 반도체·배터리·디지털 경제 등의 분야에서 미국과 협력하면서도, 중국과의 거래 기반을 유지하는 전략적 균형을 모색해야 한다. 셋째, 한중 고위급 외교 채널을 유지해야 한다. 미중 경쟁이 격화되더라도, 한국은 중국과의 정치·외교적 채널을 유지하고, 양국 간 전략적 협력을 지속할 필요가 있다. 이를 위해 한중 정상회담, 경제·안보 대화 채널을 지속적으로 운영해야 한다.

외교 다변화를 위한 대일, 대러, 대유럽, 대아세안 정책 방안

트럼프 행정부의 보호무역주의와 동맹국에 대한 비용 부담 증가 기조에 대비해, 한국은 외교 다변화를 적극적으로 추진할 필요가 있다. 먼저, 한일관계 개선 기조를 유지하면서도, 역내 경제·기술 협력을 강화하여 상호 이익을 극대화할 필요가 있다. 특히 반도체·배터리·우주항공 등의 첨단기술 협력을 증진할 수 있다. 다음으로, 러시아-우크라이나 전쟁으로 인해 러시아와의 협력 가능성이 제한적이지만, 에너지 안보 차원에서 실용적인 협력 방안을 모색해야 한다. 또한, 유럽연합(EU)과의 경제·기술 협력을 강화하며, 탄소중립·디지털 전환 등의 글로벌 이슈에서 공조를 확대해야 한다. 마지막으로, 아세안(ASEAN)과의 협력을 강화하여 '글로벌 중견국 외교(Middle Power Diplomacy)'를 적극적으로 추진해야 한다. 이를 위해 신남방정책을 지속 발전시키고, ASEAN 국가들과의 경제·안보 협력을 다각화할 필요가 있다.

트럼프 2기 행정부 출범 이후 한국의 대북 전략 방향

트럼프 행정부의 대북 정책은 여전히 거래적 접근(Transactional Approach)을 유지할 가능성이 크며, 북한과의 협상이 다시 재개될 수도 있다. 한국은 이러한 변화에 대비하여 다음과 같은 전략을 추진해야 한다. 첫째, 한미 공조 기반을 유지해야 한다. 북한 문제에서 한미 간 정책 조율이 중요하며, 한미 확장억제력(Extended Deterrence)을 보다 강화하는 방안을 모색해야 한다. 둘째, 남북 대화 재개를 추진해야 한다. 북한이 미국과의 협상에 집중할 경우, 한국이 소외되는 상황을 방지하기 위해 남북 대화 채널을 적극적으로 활용해야 한다. 셋째, 한미일 안보 협력을 강화해야 한다. 북한과 러시아 간 군사협력이 강화될 가능성이 있는 만큼, 한미일 안보 협력을 공고히 하면서도, 한반도 긴장을 완화하는 방안을 지속적으로 모색해야 한다.

한국 외교의 새로운 패러다임 모색

트럼프 2.0 시대의 도래는 한국 외교의 유연성과 전략적 사고를 더욱 요구하는 시기가 될 것이다. 미중 경쟁이 심화되는 가운데, 한국은 한미동맹을 유지하면서도 외교적 자율성을 확보하는 것이 핵심과제다. 또한 대중국 관계를 실용적으로 조정하고, 유럽·아세안·중동 등과의 외교 다변화를 적극 추진해야 한다.

북한 문제에 있어서는 한미 공조를 강화하면서도 남북 대화의 창구를 유지해야 한다. 한미일 협력을 강화하되, 한반도 정세가 급격히 긴장되지 않도록 전략적 균형을 유지하는 것이 중요하다. 트럼프 2.0 시대, 한국은 기존의 틀을 넘어선 '전략적 외교'를 수행해야 한다. 글로벌 패권 경쟁 속에서 국익을 극대화할 수 있는 실용적이고 균형 잡힌 대외전략이 무엇인지 깊이 고민해야 할 시점이다.

[부록] President Trump's America First Priorities

The White House

January 20, 2025

MAKE AMERICA SAFE AGAIN
미국을 다시 안전하게

- President Trump will take bold action to secure our border and protect American communities.
  트럼프 대통령은 미국 국경을 강화하고 지역사회를 보호하기 위해 과감한 조치를 취할 것이다.

- This includes ending Biden's catch-and-release policies, reinstating Remain in Mexico, building the wall, ending asylum for illegal border crossers, cracking down on criminal sanctuaries, and enhancing vetting and screening of aliens.
  이를 위해 바이든 행정부의 불법 이민자 석방 정책을 종료하고, 멕시코 잔류 정책을 재도입하며, 국경 장벽을 건설하고, 불법 국경 침입자에 대한 망명 신청을 중단하며, 범죄 은신처 도시를 단속하고, 외국인의 신원 검증 및 심사를 강화할 것이다.

- President Trump's deportation operation will address the record border crossings of

criminal aliens under the prior administration.
트럼프 대통령은 바이든 행정부에서 기록적인 수치를 기록한 범죄자들의 불법 입국을 추방 작전을 통해 해결할 것이다.

- The President is suspending refugee resettlement, after communities were forced to house large and unsustainable populations of migrants, straining community safety and resources.
난민 수용으로 인해 지역사회가 과도한 부담을 떠안았던 점을 감안하여 난민 재정착 프로그램을 중단할 것이다.

- The Armed Forces, including the National Guard, will engage in border security, which is national security, and will be deployed to the border to assist existing law enforcement personnel.
국군과 국가방위군은 국경 안보 임무에 투입될 것이다. 국경 안보는 곧 국가 안보이며, 기존의 법 집행 기관을 지원하기 위해 국경 지역에 배치될 것이다.

- President Trump will begin the process of designating cartels, including the dangerous Tren de Aragua, as foreign terrorist organizations and use the Alien Enemies Act to remove them.
트럼프 대통령은 '트렌 데 아라과'를 포함한 카르

텔을 외국 테러 조직으로 지정하는 절차를 시작할 것이다. 또한 '외국인 적대 행위법'을 활용하여 이들을 제거할 것이다.

- The Department of Justice will seek the death penalty as the appropriate punishment for heinous crimes against humanity, including those who kill law enforcement officers and illegal migrants who maim and murder Americans.
  법무부는 반인륜적 범죄에 대한 적절한 처벌로 사형을 구형할 것이다. 이는 경찰관을 살해한 자와 미국인을 살해하거나 불구로 만든 불법 이민자를 포함한다.

MAKE AMERICA AFFORDABLE AND ENERGY DOMINANT AGAIN
미국을 다시 경제적으로 부담 없이, 에너지 강국으로 만들기

- The President will unleash American energy by ending Biden's policies of climate extremism, streamlining permitting, and reviewing for rescission all regulations that impose undue burdens on energy production and use, including mining and processing of non-fuel minerals.
  트럼프 대통령은 바이든의 기후 극단주의 정책을 폐지하고, 에너지 생산 및 이용에 불필요한 규제를 철회하며, 비연료 광물 채굴 및 가공도 활성화할 것이다.

- President Trump's energy actions empower consumer choice in vehicles, showerheads, toilets, washing machines, lightbulbs and dishwashers.
트럼프 대통령은 미국 소비자들이 차량, 샤워기, 화장실, 세탁기, 전구, 식기세척기 등의 선택권을 가질 수 있도록 할 것이다.

- President Trump will declare an energy emergency and use all necessary resources to build critical infrastructure.
트럼프 대통령은 에너지 비상사태를 선언하고 필수 인프라를 신속히 구축할 것이다.

- President Trump's energy policies will end leasing to massive wind farms that degrade our natural landscapes and fail to serve American energy consumers.
트럼프 대통령의 에너지 정책은 미국 내 자연경관을 훼손하고 소비자에게 도움이 되지 않는 대형 풍력 발전 단지의 허가를 중단할 것이다.

- President Trump will withdraw from the Paris Climate Accord.
트럼프 대통령은 파리 기후협약에서 탈퇴할 것이다.

- All agencies will take emergency measures to reduce the cost of living.
모든 정부 기관은 생계비 부담 완화 조치를 즉각

시행할 것이다.

- President Trump will announce the America First Trade Policy.
  미국우선 무역 정책을 발표할 것이다.

- America will no longer be beholden to foreign organizations for our national tax policy, which punishes American businesses.
  미국은 더 이상 외국 기관이 미국의 세금 정책을 좌우하도록 하지 않을 것이며, 미국 기업을 보호할 것이다.

DRAIN THE SWAMP
부패한 기득권 청산하기

- The President will usher a Golden Age for America by reforming and improving the government bureaucracy to work for the American people. He will freeze bureaucrat hiring except in essential areas to end the onslaught of useless and overpaid DEI activists buried into the federal workforce. He will pause burdensome and radical regulations not yet in effect that Biden announced.
  트럼프 대통령은 미국 국민을 위한 정부 개혁과 개선을 통해 미국의 황금시대를 열 것이다. 필수 분야를 제외한 공무원 신규 채용을 동결하여, 연방 정부 내 불필요하고 과도한 급여를 받는 DEI(다양성·형평성·포용) 활동가의 확산을 막을 것이다. 바이든 행정부가 발표했지만 아직 시행되지 않은 과도하고 급진적인 규제를 보류할 것이다.

- President Trump is announcing an unprecedented slate of executive orders for rescission.
트럼프 대통령은 전례 없는 대규모 행정명령 철회를 발표할 것이다.

- President Trump is planning for improved accountability of government bureaucrats. The American people deserve the highest-quality service from people who love our country. The President will also return federal workers to work, as only 6% of employees currently work in person.
트럼프 대통령은 연방 공무원의 책임성을 강화할 계획이다. 미국 국민은 애국심을 가지고 최상의 서비스를 제공하는 공무원을 받을 자격이 있다. 현재 연방 공무원의 6%만이 대면 근무하는 현실을 바로잡아, 공무원을 정상 근무로 복귀시킬 것이다.

- President Trump is taking swift action to end the weaponization of government against political rivals and ordering all document retention as required by law. President Trump is also ending the unconstitutional censorship by the federal government. No longer will government employees pick and require the

erasure of entirely true speech.
트럼프 대통령은 정부 기관의 정치적 탄압을 근절하기 위해 신속한 조치를 취할 것이다. 법에 따라 모든 문서를 보존하도록 지시할 것이다. 연방 정부의 위헌적 검열 조치를 중단할 것이다. 정부 직원이 사실에 입각한 발언을 삭제하도록 강요하는 관행을 없앨 것이다.

- On the President's direction, the State Department will have an America-First foreign policy.
  대통령의 지시에 따라, 국무부는 미국우선 외교 정책을 수행할 것이다.

BRING BACK AMERICAN VALUES
미국의 가치 회복

- The President will establish male and female as biological reality and protect women from radical gender ideology.
  남성과 여성의 생물학적 현실을 법적으로 확립하고, 급진적 젠더 이데올로기로부터 여성을 보호할 것이다.

- American landmarks will be named to appropriately honor our Nation's history.
  미국의 역사적 유산을 적절하게 기릴 수 있도록 국립 랜드마크의 명칭을 지정할 것이다.

출처: https://www.whitehouse.gov/briefings-statements/2025/01/president-trumps-america-first-priorities/.

번역 및 감수: 신종호(한양대학교 ERICA)

저자 소개

강석율(姜錫律, Seok-ryul Kang)
(現) 한국국방연구원 안보전략연구센터 연구위원
세종연구소 박사후 연구원(前)
서울대학교 국제문제연구소 선임연구원(前)
미국 Purdue University 정치학 박사 (국제정치학 전공)

김재관(金在寬, Jaekwan Kim)
(現) 전남대학교 정치외교학과 교수 겸 교수평의회 의장
전국 국공립대학교 교수회연합회 사무총장(前)
외교부 정책 자문위원(前)
통일부 정책 자문위원(前)
한국유라시아 학회 회장(前)
중국 베이징대학 정치학박사

문익준(文益俊, IkJoon Moon)
(現) 국민대학교 중국학부 부교수 겸 기후변화대응사업단 부단장
현대중국학회 총무위원장(現)
대외경제정책연구원 중국팀 부연구위원(前)
중국 칭화대학교 경제학 박사

민정훈(閔廷薰, Jeonghun Min)

(現) 국립외교원 미주연구부 교수
국방부 정책자문위원(前)
한국아메리카학회 편집이사(前)
미국 노스이스턴 주립대학교 정치학과 교수(前)
미국 조지아대학교(Univ. of Georgia) 정치학 박사

신종호(申鍾浩, Jongho Shin)

(現) 한양대학교 ERICA 글로벌문화통상학부 교수
통일연구원 선임연구위원(前)
민주평화통일자문회의 상임위원(前)
통일부 정책자문위원(前)
중국 베이징대학 법학 박사(국제정치 전공)

최필수(崔弼洙, Pilsoo CHOI)

(現) 세종대학교 국제학부 교수
대외경제정책연구원 중국팀장(前)
외교부 경제안보위원회 자문위원(前)
한국유라시아학회 회장(前)
중국 칭화대학 경제관리학원 박사
일본 히토츠바시 ICS 경영학 석사

트럼프 2.0시대 동아시아와 한반도

ⓒ 강석율·김재관·문희준·민정훈·신종호·최필수

2025년 05월 05일 초판 1쇄 인쇄
2024년 05월 10일 초판 1쇄 발행

지은이 | 강석율·김재관·문희준·민정훈·신종호·최필수
발행인 | 안우리
펴낸곳 | 차이나하우스

등　록 | 제 303-2006-00026호
주　소 | 서울시 종로구 율곡로6길 36
전　화 | 02-3673-4986
팩　스 | 02-6021-4986
이메일 | whayeo@gmail.com
ISBN | 979-11-85882-79-6(93340)

값 13,800원

이 책은 저작권법에 따라 보호받는 저작물이므로 무단전재와 무단복제를 금지하여 이 책의 내용물 전부 또는 일부를 이용하려면 반드시 저작권자와 차이나하우스의 서면 동의를 받아야 합니다. 잘못 만들어진 책은 구입한 곳에서 바꿔드립니다.